DR. OETKER

MODE TORTEN

Pudding

MANDARINENTRAUM, PHARISÄER-TORTE, ALI-BABA-TORTE, PICASSO-KUCHEN...

Dr. Oetker Verlag

Vorwort

Pudding ist allseits beliebt und in köstlichen Torten und Kuchen schmeckt er nochmal so gut. Ob traditionell gekocht oder kalt aufgeschlagen, Götterspeise oder Cremedessert – der Fantasie und der Vielfältigkeit sind mit diesen Rezepten keine Grenzen gesetzt.

Hier ist für jeden Geschmack etwas dabei, ob einfach und schnell wie die Nuss-Pudding-Torte, der Obstgarten oder der schnelle Beeren-Pudding-Kuchen oder aber raffiniert, wie die Pharisäer-Torte, die Fanta-Limetten-Torte oder die Eierlikördreiecke.

Wie immer sind alle Rezepte von Dr. Oetker ausprobiert und nachvollziehbar beschrieben, so dass sie garantiert gelingen.

Abkürzungen

EL	= Esslöffel
TL	= Teelöffel
Msp.	= Messerspitze
Pck.	= Packung/Päckchen
g	= Gramm
kg	= Kilogramm
ml	= Milliliter
l	= Liter
evtl.	= eventuell
geh.	= gehäuft
gestr.	= gestrichen
TK	= Tiefkühlprodukt
°C	= Grad Celsius
Ø	= Durchmesser
E	= Eiweiß
F	= Fett
Kh	= Kohlenhydrate
kcal	= Kilokalorien
kJ	= Kilojoule

Hinweise zu den Rezepten

Lesen Sie bitte vor der Zubereitung – besser noch vor dem Einkaufen – das Rezept einmal vollständig durch. Oft werden Arbeitsabläufe oder -zusammenhänge dann klarer.

Verwenden Sie die in den Rezepten angegebenen Milchprodukte wie Schlagsahne, Milch usw. immer gut gekühlt.

Die in den Rezepten angegebenen Backtemperaturen und -zeiten sind Richtwerte, die je nach individueller Hitzeleistung des Backofens über- oder unterschritten werden können. Bitte beachten Sie deshalb bei der Einstellung des Backofens die Gebrauchsanweisung des Herstellers und machen Sie nach Beendigung der angegebenen Backzeit eine Garprobe.

Zubereitungszeiten

Die Zubereitungszeit beinhaltet nur die Zeit für die eigentliche Zubereitung, die Backzeiten sind gesondert ausgewiesen. Längere Wartezeiten wie z. B. Kühlzeiten sind ebenfalls nicht mit einbezogen.

Mini-Dickmann's-Galetta-Torte

Zubereitungszeit: 45 Min.
Backzeit: etwa 30 Min.

Insgesamt:
E: 65 g, F: 324 g, Kh: 483 g,
kJ: 21463, kcal: 5120

Für den All-in-Teig:
- **100 g Weizenmehl**
- **2 gestr. TL Backpulver**
- **100 g Zucker**
- **1 Pck. Bourbon-Vanille-Zucker**
- **100 g weiche Butter oder Margarine**
- **2 Eier (Größe M)**
- **50 g Raspelschokolade**

- **2–3 EL Himbeer- oder Johannisbeergelee**

Für die Füllung:
- **1 Pck. (24 Stück) Mini-Dickmann's**
- **150 ml kalte Milch**
- **350 ml Schlagsahne**
- **1 Pck. Galetta Vanille-Geschmack (Pudding-Pulver ohne Kochen)**
- **1 Pck. Sahnesteif**
- **250 g Naturjoghurt**

Zum Verzieren:
- **25 g Zartbitterschokolade**
- **150 ml Schlagsahne**
- **1 Pck. Vanillin-Zucker**

1 Für den Teig Mehl mit Backpulver mischen und in eine Rührschüssel sieben. Restliche Zutaten außer der Raspelschokolade hinzufügen und alles mit Handrührgerät mit Rührbesen auf höchster Stufe in 2 Minuten zu einem Teig verarbeiten.

2 Zuletzt Raspelschokolade unterrühren. Teig in eine Springform (Ø 26 cm, Boden gefettet, mit Backpapier belegt) füllen und glatt streichen. Die Form auf dem Rost in den Backofen schieben.

Ober-/Unterhitze:
etwa 180 °C (vorgeheizt)
Heißluft: etwa 160 °C (vorgeheizt)
Gas: Stufe 2–3 (vorgeheizt)
Backzeit: etwa 30 Min.

3 Nach dem Backen Boden aus der Form lösen, auf einen mit Backpapier belegten Kuchenrost stürzen und erkalten lassen. Anschließend mitgebackenes Backpapier abziehen, den Boden auf eine Tortenplatte legen und mit Gelee bestreichen, dabei am Rand 1 cm frei lassen. Einen Tortenring oder den gesäuberten Springformrand darumstellen.

4 Für die Füllung Waffeln der Mini-Dickmann's mit einem Messer vorsichtig von der Schaumkuppel lösen. 16 der Dickmann's-Schaumkuppeln zum Garnieren beiseite stellen. Die Waffeln so

an den Rand setzen, dass die Schokoladenseiten außen liegen. Milch und Sahne in eine Rührschüssel geben, Galetta und Sahnesteif hinzufügen und nach Packungsanleitung aufschlagen. Zuletzt Joghurt und die restlichen 8 Dickmann's-Schaumkuppeln ohne Waffeln unterrühren und die Creme auf dem Boden verstreichen.

5 Zum Verzieren Schokolade grob zerkleinern und in einen kleinen Gefrierbeutel füllen. Den Gefrierbeutel gut verschließen und zum Schmelzen de Schokolade in ein warmes Wasserbad hängen. Wenn die Schokolade geschmolzen ist, den Beutel trockentupfen, etwas durchkneten und eine kleine Ecke abschneiden. Tortenring oder Springformrand lösen und entfernen und die Torte mit der Schokolade besprenkeln.

6 Sahne mit Vanillin-Zucker steif schlagen, in einen Spritzbeutel mit Sterntülle füllen und 16 Tuffs aufspritzen. Die übrigen Dickmann's auf die Tuffs setzen. Die Torte bis zum Servieren kalt stellen.

- **Tipp:**
Die Torte am gleichen Tag servieren, da die Waffeln weich werden.
Den Boden können Sie gut am Vortag zubereiten.

Fanta-Limetten-Torte

Zubereitungszeit: 70 Min.,
ohne Kühlzeit
Backzeit: etwa 15 Min.

Insgesamt:
E: 56 g, F: 100 g, Kh: 479 g,
kJ: 12891, kcal: 3080

Für den Puddingbelag:
- **4 unbehandelte Limetten**
- **1 Pck. Fruttina Zitronen-Geschmack (Fruchtpudding-pulver), 100 g Zucker**
- **250 ml (¼ l) Fanta Limette**
- **100 ml Wasser**

Für den All-in-Teig:
- **125 g Weizenmehl**
- **2 gestr. TL Backpulver**
- **80 g Zucker**
- **1 Pck. Vanillin-Zucker**
- **1 Pck. Finesse Geriebene Zitronenschale**
- **2 Eier (Größe M)**
- **60 ml Speiseöl, z. B. Sonnenblumenöl**
- **60 ml Fanta Limette**

Für den Dickmilchbelag:
- **6 Blatt weiße Gelatine**
- **500 g Dickmilch**
- **100 g Zucker**
- **1 Pck. Vanillin-Zucker**

1 Für den Puddingbelag 1 Limette heiß waschen, trockenreiben, mit einem Zestenreißer schälen (oder dünn schälen und die Schale in sehr feine Streifen schneiden) und Schale beiseite stellen. Die geschälte Limette in dünne Scheiben schneiden und für die Garnierung beiseite stellen.

2 Die übrigen 3 Limetten mit einem scharfen Messer so schälen, dass die weiße Haut mitentfernt wird und die Filets herausschneiden. Fruttina nach Packungsanleitung, aber nur mit 100 g Zucker, 250 ml Fanta und 100 ml Wasser zubereiten. Pudding in eine Rührschüssel geben, Limettenfilets unterheben und den Pudding 2–3 Stunden kalt stellen.

3 Für den Teig Mehl mit Backpulver mischen und in eine Rührschüssel sieben. Restliche Zutaten hinzufügen und alles mit Handrührgerät mit Rührbesen auf höchster Stufe in etwa 2 Minuten zu einem Teig verarbeiten. Teig in eine Springform (Ø 26 cm, Boden gefettet) füllen, glatt streichen und die Form auf dem Rost in den Backofen schieben.

Ober-/Unterhitze:
etwa 180 °C (vorgeheizt)
Heißluft: etwa 160 °C (vorgeheizt)
Gas: Stufe 2–3 (vorgeheizt)
Backzeit: etwa 15 Min.

4 Springformrand mit Hilfe eines Messers lösen und entfernen, Boden auf einen mit Backpapier belegten Kuchenrost stürzen, Springformboden entfernen und das Gebäck erkalten lassen.

5 Für den Dickmilchbelag Gelatine nach Packungsanleitung einweichen. Dickmilch mit Zucker und Vanillin-Zucker mit einem Schneebesen verrühren. Gelatine leicht ausdrücken und in einem kleinen Topf bei schwacher Hitze unter Rühren auflösen (nicht kochen) Erst 3 Esslöffel der Dickmilchmasse mit der aufgelösten Gelatine verrühren, dann mit der übrigen Dickmilchmasse verrühren. Die Dickmilchmasse kalt stellen.

6 Den erkalteten Boden auf eine Tortenplatte legen und den gesäuberten Springformrand oder einen Tortenring darumstellen. Den erkalteten Pudding durchrühren, in einen Gefrierbeutel füllen, diesen verschließen und eine Ecke abschneiden. Den Pudding spiralförmig auf den Boden spritzen, dabei am Rand etwa 1,5 cm frei lassen.

7 Wenn die Dickmilchcreme beginnt dicklich zu werden, die Creme vorsichtig über die Puddingspiralen gießen und bis zum Rand verteilen. Torte mit Limettenzesten und Limettenscheiben garnieren und mindestens 3 Stunden kalt stellen. Anschließend Springformrand oder Tortenring lösen und entfernen.

- **Tipp:**
Den Pudding-Belag können Sie gut am Vortag zubereiten und über Nacht kalt stellen. Auch der Boden kann gut am Vortag gebacken und gut verpackt über Nacht aufbewahrt werden.

Rezept nicht durch Coca-Cola autorisiert.

Geschichtete Stachelbeer-Pudding-Torte

Zubereitungszeit: 60 Min., ohne Kühlzeit
Backzeit: etwa 15 Min. je Boden

Insgesamt:
E: 91 g, F: 333 g, Kh: 604 g, kJ: 24311, kcal: 5801

Für den Rührteig:
- **200 g Butter oder Margarine**
- **200 g Zucker**
- **1 Pck. Vanillin-Zucker**
- **2 Eier (Größe M)**
- **200 g Weizenmehl**
- **1 gestr. TL Backpulver**

Zum Bestreuen:
- **150 g abgezogene, gehobelte Mandeln**
- **30 g Zucker**

Für die Füllung:
- **1 Pck. Pudding-Pulver Vanille-Geschmack**
- **400 ml Apfelsaft**
- **20 g Zucker**
- **200 g Doppelrahm-Frischkäse**
- **1 Glas Stachelbeeren (Abtropfgewicht 360 g)**

Für den Guss:
- **1 Pck. Tortenguss, klar**
- **20 g Zucker**
- **250 ml (¼ l) Stachelbeersaft aus dem Glas**

1 Für den Teig Butter oder Margarine mit Handrührgerät mit Rührbesen auf höchster Stufe geschmeidig rühren. Nach und nach Zucker und Vanillin-Zucker unterrühren. So lange rühren, bis eine gebundene Masse entstanden ist. Eier nach und nach unterrühren (jedes Ei etwa ½ Minute). Mehl und Backpulver mischen, sieben und portionsweise auf mittlerer Stufe unterrühren.

2 Aus dem Teig 3 Böden backen. Dazu jeweils ein Drittel des Teiges auf einen Springformboden (Ø 26 cm, gefettet) streichen. Mandeln und Zucker auf die Teigböden streuen und einen Springformrand darumlegen. Die Formen nacheinander auf dem Rost in den Backofen schieben.

Ober-/Unterhitze:
etwa 180 °C (vorgeheizt)
Heißluft: etwa 160 °C (vorgeheizt)
Gas: Stufe 2–3 (vorgeheizt)
Backzeit: etwa 15 Min. je Boden.

3 Die Gebäckböden sofort aus der Form lösen, jeweils auf mit Backpapier belegte Kuchenroste stürzen und erkalten lassen. Die erkalteten Böden wieder umdrehen.

4 Für die Füllung aus Pudding-Pulver, Saft und Zucker nach Packungsanleitung, aber nur mit 400 ml Flüssigkeit einen Pudding zubereiten. Frischkäse sofort unterrühren. Sofort Frischhaltefolie direkt auf die Puddingmasse legen, damit sich keine Haut bildet und den Pudding erkalten lassen. Stachelbeeren in einem Sieb abtropfen lassen, den Saft dabei auffangen und 250 ml (¼ l) abmessen.

5 Einen Guss aus Tortengusspulver, Zucker und dem Saft nach Packungsanleitung zubereiten und die Stachelbeeren unterheben. Die Stachelbeermasse auf 2 der Böden verteilen. Die Puddingmasse durchrühren, knapp die Hälfte in einen Spritzbeutel mit Sterntülle (Ø etwa 10 mm) füllen und je einen Rand auf die Stachelbeermasse spritzen. Restliche Puddingmasse jeweils in die Mitte geben und verstreichen.

6 Die Böden zu einer Torte zusammensetzen, dabei leicht andrücken. Den letzten, nicht bestrichenen Boden darauf legen. Die Torte bis zum Servieren mindestens 1 Stunde kalt stellen.

▪ Tipp:
Der Teig lässt sich besser auf dem Springformboden verteilen, wenn der Springformboden vor dem nächsten Bestreichen etwas abkühlt.

Galetta-Erdbeer-Torte

***Zubereitungszeit: 60 Min.,
ohne Kühlzeit***
Backzeit: etwa 25 Min.

Insgesamt:
E: 83 g, F: 327 g, Kh: 593 g,
kJ: 23797, kcal: 5672

Für den Biskuitteig:
- **4 Eier (Größe M)**
- **4 EL heißes Wasser**
- **150 g Zucker**
- **1 Pck. Vanillin-Zucker**
- **1 Prise Salz**
- **150 g Weizenmehl**
- **50 g Speisestärke**
- **1 gestr. TL Backpulver**

Für die Füllung:
- **750 g Erdbeeren**
- **1 Pck. Tortenguss, rot**
- **2–3 EL Erdbeerkonfitüre**
- **2 Pck. Galetta Vanille-Geschmack (Pudding-Pulver ohne Kochen)**
- **350 ml kalte Milch**
- **500 ml (½ l) Schlagsahne**

Zum Bestreichen:
- **400 ml Schlagsahne**
- **2 Pck. Sahnesteif**
- **2 Pck. Vanillin-Zucker**

1 Für den Teig Eier und Wasser mit Handrührgerät mit Rührbesen auf höchster Stufe in 1 Minute schaumig schlagen. Zucker, Vanillin-Zucker und Salz mischen, in 1 Minute einstreuen und weitere 2 Minuten schlagen.

2 Mehl mit Speisestärke und Backpulver mischen. Die Hälfte davon auf die Eiercreme sieben und auf niedrigster Stufe unterrühren. Restliches Mehlgemisch auf die gleiche Weise unterarbeiten.

3 Den Teig in eine Springform (Ø 26 cm, Boden gefettet, mit Backpapier belegt) füllen und die Form auf dem Rost in den Backofen schieben.

Ober-/Unterhitze:
etwa 180 °C (vorgeheizt)
Heißluft: etwa 160 °C (vorgeheizt)
Gas: Stufe 2–3 (vorgeheizt)
Backzeit: etwa 25 Min.

4 Den Biskuitboden vorsichtig vom Rand lösen, auf einen mit Backpapier belegten Kuchenrost stürzen und erkalten lassen. Anschließend das mitgebackene Backpapier vorsichtig abziehen und den Biskuitboden zweimal waagerecht durchschneiden. Den unteren Boden auf eine Tortenplatte legen und einen Tortenring oder den gesäuberten Springformrand darumstellen.

5 Für die Füllung Erdbeeren waschen, abtropfen lassen und entstielen. 250 g von den Erdbeeren mit Tortenguss und Erdbeerkonfitüre vermischen, pürieren, unter Rühren aufkochen und anschließend abkühlen lassen. Die Masse lauwarm auf den unteren Boden streichen. Weitere 250 g von den Erdbeeren halbieren oder vierteln, darauf verteilen und die Masse erkalten lassen.

6 Galetta nach Packungsanleitung, aber mit den hier angegebenen Mengen Milch und Sahne zubereiten. Die Hälfte der Creme auf den unteren Boden streichen. Den zweiten Boden darauf legen und mit der restlichen Creme bestreichen. Torte mit dem oberen Boden bedecken und etwa 1 Stunde kalt stellen.

7 Zum Bestreichen Sahne mit Sahnesteif und Vanillin-Zucker steif schlagen. Tortenring oder Springformrand vorsichtig lösen und entfernen. Tortenrand und -oberfläche mit der Sahne bestreichen und mit den restlichen Erdbeeren garnieren. Die Torte etwa 1 Stunde kalt stellen.

Toblerone-Torte

Zubereitungszeit: 50 Min.,
ohne Kühlzeit
Backzeit: etwa 50 Min.

Insgesamt:
E: 66 g, F: 285 g, Kh: 585 g,
kJ: 22394, kcal: 5338

Für den Belag:
- **1 Eiweiß (Größe M)**
- **3 EL Zucker**
- **1 Msp. gemahlener Zimt**

Für den Rührteig:
- **100 g Butter oder Margarine**
- **150 g Zucker**
- **1 Pck. Vanillin-Zucker**
- **2 Eier (Größe M)**
- **1 Eigelb (Größe M)**
- **125 g Weizenmehl**
- **50 g Speisestärke**
- **2 gestr. TL Backpulver**
- **2 EL Amaretto**

Zum Bestreuen und Tränken:
- **25 g abgezogene, gehobelte Mandeln**
- **2 EL Amaretto**

Für die Füllung:
- **2 Pck. Galetta Schokoladen-Geschmack (Pudding-Pulver ohne Kochen)**
- **400 ml Schlagsahne**
- **200 ml Milch**
- **3 EL Amaretto**
- **70 g TOBLERONE Milchschokolade**

Zum Garnieren:
- **30 g TOBLERONE Milchschokolade**
- **Puderzucker**

1 Für den Belag Eiweiß so steif schlagen, dass ein Messerschnitt sichtbar bleibt. Zucker und Zimt kurz unterschlagen. Eischnee in einen Spritzbeutel mit Lochtülle (Ø etwa 8 mm) füllen.

2 Für den Teig Butter oder Margarine mit Handrührgerät mit Rührbesen auf höchster Stufe geschmeidig rühren. Nach und nach Zucker und Vanillin-Zucker unterrühren. So lange rühren, bis eine gebundene Masse entstanden ist. Eier und Eigelb nach und nach unterrühren (jedes Ei etwa 1/2 Minute).

3 Mehl mit Speisestärke und Backpulver mischen, sieben und portionsweise abwechselnd mit Amaretto auf mittlerer Stufe unterrühren. Den Teig in eine Springform (Ø 26 cm, Boden gefettet) füllen und glatt streichen. Den Baiser in Tupfen auf den Teig spritzen, mit Mandeln bestreuen und die Form auf dem Rost in den Backofen schieben.

Ober-/Unterhitze:
160–180 °C (vorgeheizt)
Heißluft: 140–160 °C
(nicht vorgeheizt)
Gas: etwa Stufe 2 (nicht vorgeheizt)
Backzeit: etwa 50 Min.

4 Nach dem Backen Springformrand lösen und entfernen, Boden vom Springformboden lösen, aber darauf auf einem Kuchenrost erkalten lassen. Anschließend Boden einmal waagerecht durchschneiden, den unteren Boden auf eine Tortenplatte legen und einen Tortenring oder den gesäuberten Springformrand (Rand mit Backpapier auslegen) darumstellen. Den unteren Boden mit Amaretto tränken.

5 Für die Füllung Galetta mit insgesamt 400 ml Sahne und 200 ml Milch nach Packungsanleitung zubereiten. Anschließend Amaretto unterrühren. Schokolade hacken, unterheben und die Creme auf den unteren Boden streichen. Den zweiten Boden mit dem Baiser darauf legen.

6 Zum Garnieren Tortenring oder Springformrand vorsichtig mit einem Messer lösen und entfernen. Schokolade in Scheiben schneiden, auf der Tortenoberfläche verteilen und den Rand mit Puderzucker bestäuben. Die Torte kann sofort serviert werden.

■ Tipp:
Für die alkoholfreie Variante tauschen Sie den Amaretto in der Füllung gegen Milch aus. Der Boden muss nicht getränkt werden.
Sie können den Boden bereits am Vortag backen, zugedeckt kühl und trocken lagern, aber nicht im Kühlschrank.

Stachelbeer-Götterspeise-Torte

Zubereitungszeit: 60 Min., ohne Kühlzeit
Backzeit: etwa 25 Min.

Insgesamt:
E: 84 g, F: 311 g, Kh: 517 g, kJ: 21949, kcal: 5242

Für den Schüttelteig:
- **150 g Weizenmehl**
- **2 gestr. TL Backpulver**
- **100 g Zucker**
- **1 Pck. Vanillin-Zucker**
- **2 Eier (Größe M)**
- **75 ml Speiseöl**
- **75 ml Zitronenlimonade**

Für den Belag:
- **1 Glas Stachelbeeren (Abtropfgewicht 360 g)**
- **2 Beutel aus 1 Pck. Götterspeise Zitronen-Geschmack**
- **600 ml Flüssigkeit (Stachelbeersaft aus dem Glas und Wasser)**
- **175 g Zucker**
- **500 ml (½ l) Schlagsahne**
- **250 g Crème fraîche oder Schmand**

1 Für den Teig Mehl mit Backpulver mischen, in eine verschließbare Schüssel (etwa 3 Liter) sieben und mit Zucker und Vanillin-Zucker mischen. Eier, Speiseöl und Limonade hinzufügen. Schüssel mit dem Deckel fest verschließen. Mehrmals kräftig schütteln, so dass alle Zutaten gut vermischt sind.

2 Alles mit einem Schneebesen oder Rührlöffel nochmals sorgfältig durchrühren, damit trockene Zutaten vom Rand mit untergerührt werden. Den Teig in eine Springform (Ø 26 cm, Boden gefettet, mit Backpapier belegt) geben und glatt streichen. Die Form auf dem Rost in den Backofen schieben.

Ober-/Unterhitze:
etwa 180 °C (vorgeheizt)
Heißluft: etwa 160 °C (vorgeheizt)
Gas: Stufe 2–3 (vorgeheizt)
Backzeit: etwa 25 Min.

3 Den Tortenboden aus der Form lösen, auf einen mit Backpapier belegten Kuchenrost stürzen und erkalten lassen. Anschließend mitgebackenes Backpapier vorsichtig abziehen und den Boden auf eine Tortenplatte legen. Einen Tortenring oder den gesäuberten Springformrand (evtl. mit Backpapier ausgelegt) darumstellen.

4 Für den Belag Stachelbeeren in einem Sieb gut abtropfen lassen, den Saft dabei auffangen und mit Wasser auf 600 ml auffüllen. Götterspeise mit Stachelbeer-Wasser-Flüssigkeit und Zucker nach Packungsanleitung, aber mit den hier angegebenen Zutaten zubereiten. Die Hälfte der Götterspeise bei Zimmertemperatur erkalten lassen, die andere Hälfte kalt stellen.

5 Wenn die kalt gestellte Götterspeise beginnt dicklich zu werden, Sahne steif schlagen. Crème fraîche oder Schmand unter die dickliche Götterspeise rühren und Sahne unterheben. Die Götterspeisecreme auf den Tortenboden geben und glatt streichen. Stachelbeeren darauf verteilen.

6 Die restliche kalte, aber noch flüssige Götterspeise vorsichtig als Guss auf die Stachelbeeren geben und die Torte mindestens 3 Stunden kalt stellen. Anschließend Tortenring oder Springformrand vorsichtig lösen und entfernen.

- **Tipp:**
Die Torte schmeckt auch mit Himbeer-Götterspeise und Himbeeren.

Knoppers-Torte

Zubereitungszeit: 30 Min.,
ohne Kühlzeit
Backzeit: etwa 25 Min.

Insgesamt:
E: 80 g, F: 300 g, Kh: 444 g,
kJ: 20055, kcal: 4787

Für den Biskuitteig:
- **3 Eier (Größe M)**
- **3 EL heißes Wasser**
- **100 g Zucker**
- **1 Pck. Vanillin-Zucker**
- **75 g Weizenmehl**
- **50 g Speisestärke**
- **1 gestr. TL Backpulver**
- **50 g gemahlene Haselnusskerne**

Für die Schokofüllung:
- **1 kleine Dose Aprikosenhälften (Abtropfgewicht 240 g)**
- **100 g gehackte Haselnusskerne**
- **1 Pck. Paradiescreme Schokoladen-Geschmack (Dessertpulver)**
- **150 ml Milch**

Für den Knoppersbelag:
- **5 Knoppers (Milch-Haselnuss-Schnitten)**
- **400 ml Schlagsahne**
- **2 Pck. Vanillin-Zucker**
- **2 Pck. Sahnesteif**

Zum Garnieren:
- **1–2 Knoppers (Milch-Haselnuss-Schnitten)**

1 Für den Teig Eier und Wasser mit Handrührgerät mit Rührbesen auf höchster Stufe in 1 Minute schaumig schlagen. Zucker und Vanillin-Zucker mischen, in 1 Minute einstreuen, dann noch etwa 2 Minuten weiterschlagen.

2 Mehl mit Speisestärke und Backpulver mischen, auf die Eiercreme sieben und kurz auf niedrigster Stufe unterrühren. Zuletzt kurz die Haselnusskerne unterrühren. Den Teig in eine Springform (Ø 26 cm, Boden gefettet, mit Backpapier belegt) füllen und glatt streichen. Form auf dem Rost in den Backofen schieben.

Ober-/Unterhitze:
etwa 200 °C (vorgeheizt)
Heißluft: etwa 180 °C (vorgeheizt)
Gas: Stufe 3–4 (vorgeheizt)
Backzeit: etwa 25 Min.

3 Nach dem Backen Springformrand lösen, Boden auf einen mit Backpapier belegten Kuchenrost stürzen und erkalten lassen. Anschließend Backpapier vorsichtig abziehen. Boden einmal waagerecht durchschneiden und den unteren Boden auf eine Tortenplatte legen.

4 Für die Schokofüllung Haselnusskerne in einer beschichteten Pfanne ohne Fett goldgelb rösten und auf einem Teller erkalten lassen. Aprikosen in einem Sieb gut abtropfen lassen. Paradiescreme nach Packungsanleitung, aber nur mit 150 ml Milch aufschlagen und zuletzt 50 g der gerösteten Haselnusskerne unterrühren.

5 Für den Knoppersbelag Knoppers klein schneiden. Sahne mit Vanillin-Zucker und Sahnesteif steif schlagen und die Knoppers-Stückchen unterheben.

6 Aprikosen mit der Wölbung nach oben auf den Boden legen, dabei am Rand 1–2 cm frei lassen und die Schoko-Füllung darauf verstreichen. Der zweiten Boden auflegen und leicht andrücken. Den Knoppers-Belag mit Hilfe eines Messers kuppelartig auf die Torte streichen. Die restlichen gerösteten Haselnusskerne darüber streuen.

7 Zum Garnieren Knoppers in kleine Würfel schneiden und dekorativ auf die Tortenoberfläche legen. Die Torte kann sofort serviert werden.

- **Tipp:**
Der Boden kann bereits am Vortag gebacken werden.

Mandarinentraum

Zubereitungszeit: 50 Min.,
ohne Kühlzeit
Backzeit: etwa 25 Min.

Insgesamt:
E: 67 g, F: 229 g, Kh: 441 g,
kJ: 17346, kcal: 4137

Für den Rührteig:
- **100 g Butter oder Margarine**
- **80 g Zucker**
- **1 Pck. Vanillin-Zucker**
- **5 Tropfen Zitronen-Aroma**
- **2 Eier (Größe M)**
- **100 g Weizenmehl**
- **25 g Speisestärke**
- **1 gestr. TL Backpulver**

Für die Füllung:
- **8 Blatt weiße Gelatine**
- **1 Dose Mandarinen (Abtropfgewicht 175 g)**
- **300 g Kefir**
- **80 g Zucker**
- **400 ml Schlagsahne**
- **1 Pck. Vanillin-Zucker**

Für den Guss:
- **1 Dose Mandarinen (Abtropfgewicht 175 g)**
- **1 Pck. Aranca Mandarinen-Geschmack (Dessertpulver)**

1 Für den Teig Butter oder Margarine mit Handrührgerät mit Rührbesen auf höchster Stufe geschmeidig rühren. Nach und nach Zucker, Vanillin-Zucker und Aroma unterrühren. So lange rühren, bis eine gebundene Masse entstanden ist. Eier nach und nach unterrühren (jedes Ei etwa ½ Minute).

2 Mehl mit Speisestärke und Backpulver mischen, sieben und portionsweise auf mittlerer Stufe unterrühren. Den Teig in eine Springform (Ø 26 cm, Boden gefettet, mit Backpapier belegt) füllen und glatt streichen. Die Form auf dem Rost in den Backofen schieben.

Ober-/Unterhitze:
etwa 180 °C (vorgeheizt)
Heißluft: etwa 160 °C (vorgeheizt)
Gas: Stufe 2–3 (vorgeheizt)
Backzeit: etwa 25 Min.

3 Den Boden nach dem Backen aus der Form lösen, auf einen mit Backpapier belegten Kuchenrost stürzen und erkalten lassen. Mitgebackenes Backpapier vorsichtig abziehen. Anschließend den Boden auf eine Tortenplatte legen und einen Tortenring oder den gesäuberten Springformrand darumstellen.

4 Für die Füllung Gelatine nach Packungsanleitung einweichen. Mandarinen abtropfen lassen, den Saft dabei auffangen. Kefir mit Zucker ver-

rühren. Gelatine leicht ausdrücken und in einem kleinen Topf bei schwacher Hitze unter Rühren auflösen (nicht kochen).

5 Erst etwa 4 Esslöffel der Kefirmasse in die aufgelöste Gelatine einrühren, dann die Kefir-Gelatine-Mischung unter die restliche Kefirmasse rühren und kalt stellen. Wenn die Masse beginnt dicklich zu werden, Sahne mit Vanillin-Zucker steif schlagen und mit den Mandarinen unter die Kefirmasse heben. Mandarinencreme auf dem Boden verstreichen.

6 Für den Guss Mandarinen in einem Sieb abtropfen lassen, Saft dabei auffangen und einige Mandarinenfilets zum Garnieren beiseite legen. Restliche Früchte pürieren und mit dem Saft auf 250 g auffüllen.

7 Aranca nach Packungsanleitung, aber nur mit der Fruchtpüreemischung ohne Joghurt zubereiten. Guss auf die Mandarinencreme streichen, die Torte mit den beiseite gelegten Mandarinen garnieren und etwa 2 Stunden kalt stellen. Anschließend den Springformrand oder Tortenring mit einem Messer lösen und entfernen.

■ Tipp:
Anstelle von Kefir können Sie auch Naturjoghurt verwenden.

Wilhelm-Tell-Torte

Zubereitungszeit: 70 Min.,
ohne Kühlzeit
Backzeit: etwa 15 Min.
je Boden

Insgesamt:
E: 65 g, F: 301 g, Kh: 796 g,
kJ: 25947, kcal: 6189

Für den Rührteig:
- **175 g Butter oder Margarine**
- **150 g Zucker**
- **1 Pck. Vanillin-Zucker**
- **3 Eier (Größe M)**
- **150 g Weizenmehl**
- **25 g Speisestärke**
- **½ gestr. TL Backpulver**

Für die Füllung:
- **8 Blatt weiße Gelatine**
- **1 l Apfelsaft**
- **100 g Zucker**
- **2 Pck. Pudding-Pulver Vanille-Geschmack**
- **2 Gläser (je 370 g) stückiges Apfelmus (Apfelkompott)**

Zum Verzieren und Garnieren:
- **400 ml Schlagsahne**
- **30 g Zucker**
- **2 Pck. Sahnesteif**
- **50 g Haselnusskrokant**
- **einige Mini-Äpfel (Kirschäpfel, aus der Dose)**

1 Für den Teig Butter oder Margarine mit Handrührgerät mit Rührbesen auf höchster Stufe geschmeidig rühren. Nach und nach Zucker und Vanillin-Zucker unterrühren. So lange rühren, bis eine gebundene Masse entstanden ist.

2 Eier nach und nach unterrühren (jedes Ei etwa ½ Minute). Mehl mit Speisestärke und Backpulver mischen, sieben und portionsweise auf mittlerer Stufe unterrühren.

3 Aus dem Teig nacheinander 3 Böden backen. Dazu jeweils ein Drittel des Teiges auf einen Springformboden (Ø 26 cm, gefettet) streichen und den Springformrand darumlegen. Die Form auf dem Rost in den Backofen schieben.

Ober-/Unterhitze:
etwa 180 °C (vorgeheizt)
Heißluft: etwa 160 °C (vorgeheizt)
Gas: Stufe 2–3 (vorgeheizt)
Backzeit: etwa 15 Min. je Boden.

4 Die Böden nach dem Backen vom Springformrand und -boden lösen und auf einem Kuchenrost erkalten lassen.

5 Für die Füllung Gelatine nach Packungsanleitung einweichen. Aus Apfelsaft, Zucker und Pudding-Pulver nach Packungsanleitung einen Pudding zubereiten. Gelatine leicht ausdrücken und im heißen Pudding unter Rühren auflösen. Apfelmus unterrühren und die Füllung kalt stellen, bis sie beginnt dicklich zu werden.

6 Einen Boden auf eine Tortenplatte legen und einen Tortenring oder den gesäuberten Springformrand darumlegen. Die Hälfte der Puddingmasse auf dem Boden im Springformrand verstreichen. Den zweiten Boden auflegen und mit der restlichen Puddingmasse bestreichen. Den dritten Boden auflegen und leicht andrücken. Die Torte mindestens 3 Stunden (am besten über Nacht) kalt stellen.

7 Zum Verzieren und Garnieren Tortenring oder Springformrand lösen und entfernen. Sahne mit Zucker und Sahnesteif steif schlagen, den Rand der Torte dünn und die Oberfläche dicker damit bestreichen. Mit einem Löffelstiel Löcher in die Sahne drücken. Die Torte mit etwas Krokant bestreuen und einige Mini-Äpfel auf die Oberfläche legen.

▪ Tipp:
Der Teig lässt sich besser auf dem Springformboden verteilen, wenn der Springformboden vor dem nächsten Bestreichen etwas abkühlt.
Sie können die Füllung auch mit 750 ml (¾ l) Apfelsaft und 250 (¼ l) Weißwein zubereiten.

Ananas-Charlotte

**Zubereitungszeit: 50 Min.,
ohne Kühlzeit**
Backzeit: etwa 10 Min.

Insgesamt:
**E: 77 g, F: 333 g, Kh: 449 g,
kJ: 21365, kcal: 5097**

Für den Biskuitteig:
- 3 Eier (Größe M)
- 1 Eigelb (Größe M)
- 100 g Zucker
- 1 Pck. Vanillin-Zucker
- 100 g Weizenmehl
- 10 g Kakaopulver
- 1 gestr. TL Backpulver
- 1 EL Milch

Für den Boden:
- 150 g Zartbitterschokolade

Für die Füllung:
- 2 kleine Dosen
  Ananasscheiben
  (Abtropfgewicht je 140 g)
- 600 ml Schlagsahne
- 2 Pck. Sahnesteif
- 2 Pck. Saucenpulver
  Vanille-Geschmack
  ohne Kochen
- 7 Kokos-Konfektkugeln

Zum Garnieren und Verzieren:
- 5 Kokos-Konfektkugeln
- 25 g Zartbitterschokolade

1 Für den Teig Eier und Eigelb mit Handrührgerät mit Rührbesen auf höchster Stufe in 1 Minute schaumig schlagen. Zucker und Vanillin-Zucker mischen, in 1 Minute einstreuen, dann noch etwa 2 Minuten weiterschlagen.

2 Mehl mit Kakaopulver und Backpulver mischen, auf die Eiercreme sieben und kurz auf niedrigster Stufe unterrühren. Zuletzt die Milch unterrühren. Den Teig auf ein Backblech (30 x 40 cm, gefettet, mit Backpapier belegt) streichen, dabei das Backpapier an der offenen Seite des Backblechs so umknicken, dass ein Rand entsteht. Backblech sofort in den Backofen schieben.

**Ober-/Unterhitze:
etwa 200 °C (vorgeheizt)
Heißluft: etwa 180 °C (vorgeheizt)
Gas: Stufe 3–4 (vorgeheizt)
Backzeit: etwa 10 Min.**

3 Den Biskuit vom Backblechrand lösen und direkt auf die Arbeitsfläche stürzen, damit sich beim Aufrollen die braune Backhaut löst. Gebäck mit Backpapier erkalten lassen.

4 Für den Boden Schokolade grob zerkleinern, in einem kleinen Topf im Wasserbad bei schwacher Hitze geschmeidig rühren, etwas abkühlen lassen und anschließend in eine Springform (Ø 26 cm, Boden gefettet, mit Backpapier belegt) gießen und verteilen.

5 Für die Füllung Ananas in einem Sieb abtropfen lassen. Sahne mit Sahnesteif und Saucenpulver steif schlagen. Backpapier von der Biskuitplatte abziehen, Platte von der Arbeitsfläche abziehen, so dass die braune Backhaut mitentfernt wird und dünn mit 5–6 Esslöffeln von der Sahnemasse bestreichen. Anschließend die Platte von der längeren Seite aus aufrollen und in 20 etwa 2 cm dicke Scheiben schneiden.

6 Den Rand der Springform sowie den noch nicht fest gewordenen Schokoladenboden damit belegen. Ananasscheiben auf dem „Biskuitrollenboden" verteilen, evtl. die Scheiben etwas zurecht schneiden (1–2 Scheiben zum Garnieren zurücklassen). Die 7 Konfektkugeln hacken, unter die restliche Sahnemasse heben, Sahnemasse in die Springform geben und glatt streichen. Die Torte 1–2 Stunden kalt stellen.

7 Beim Umsetzen der Torte auf eine Tortenplatte das Backpapier unter der Schokolade entfernen. Zum Garnieren die zurückgelassenen Ananasscheiben klein schneiden und an den Rand auf die Torte legen. Die Konfektkugeln vorsichtig halbieren und davor legen. Schokolade in Stücke brechen, in einen kleinen Gefrierbeutel geben und im warmen Wasserbad auflösen. Beutel herausnehmen, trockentupfen, etwas durchkneten und eine kleine Ecke abschneiden. Tortenrand mit Schokolade verzieren.

Quark-Galetta-Torte

*Zubereitungszeit: 40 Min.,
ohne Kühlzeit
Backzeit: etwa 25 Min.*

*Insgesamt:
E: 136 g, F: 405 g, Kh: 576 g,
kJ: 27332, kcal: 6519*

Für den Rührteig:
- **150 g Butter oder Margarine**
- **150 g Zucker**
- **1 Pck. Vanillin-Zucker**
- **1 Prise Salz**
- **3 Eier (Größe M)**
- **125 g Weizenmehl**
- **25 g Speisestärke**
- **1 gestr. TL Backpulver**

Für die Füllung:
- **125 ml (1/8 l)
  Limettensirup**
- **500 ml (1/2 l) Milch**
- **500 ml (1/2 l) Schlagsahne**
- **1 Pck. Finesse Geriebene
  Zitronenschale**
- **2 Pck. Galetta Vanille-
  Geschmack (Pudding-
  Pulver ohne Kochen)**
- **500 g Magerquark**

Außerdem:
- **250 ml (1/4 l) Schlagsahne**
- **1 Pck. Sahnesteif**

Zum Bestäuben
und Garnieren:
- **Puderzucker**
- **1/2 Limette (unbehandelt)**

1 Für den Teig Butter oder Margarine mit Handrührgerät mit Rührbesen geschmeidig rühren. Zucker, Vanillin-Zucker und Salz nach und nach unterrühren. So lange rühren, bis eine gebundene Masse entstanden ist. Eier nach und nach unterrühren (jedes Ei etwa 1/2 Minute).

2 Mehl mit Speisestärke und Backpulver mischen, sieben und portionsweise auf mittlerer Stufe unterrühren. Den Teig in eine Springform (Ø 26 cm, Boden gefettet) füllen, glatt streichen und die Form auf dem Rost in den Backofen schieben.

**Ober-/Unterhitze:
etwa 180 °C (vorgeheizt)
Heißluft: etwa 160 °C (vorgeheizt)
Gas: Stufe 2–3 (vorgeheizt)
Backzeit: etwa 25 Min.**

3 Den Boden aus der Form lösen, auf einem Kuchenrost erkalten lassen und anschließend einmal waagerecht durchschneiden. Den unteren Boden auf eine Tortenplatte legen und einen Tortenring oder den gesäuberten Springformrand darumstellen. Den oberen Boden in 12 Stücke schneiden.

4 Für die Füllung Limettensirup mit Milch, Sahne und Zitronenschale in eine Rührschüssel geben. Galetta hinzufügen, mit Handrührgerät mit Rührbesen auf niedrigster Stufe kurz vermischen, dann die Zutaten auf höchster Stufe 1 Minute schlagen.

5 Quark in zwei Portionen unterrühren. Die Füllung auf dem unteren Boden verteilen und glatt streichen. Sahne mit Sahnesteif steif schlagen, in einen Spritzbeutel mit Lochtülle geben und für 12 Tortenstücke Verzierungen wellenförmig auf die Tortenoberfläche spritzen. Die Torte 2 Stunden kalt stellen, dann den Tortenring oder Springformrand lösen und entfernen. Die geschnittenen Tortenstücke schräg an die Sahne setzen.

6 Die Torte vor dem Servieren mit Puderzucker bestäuben. Limette waschen, trockenreiben, zunächst in Scheiben, dann in Viertel schneiden und die Torte mit den Limettenstückchen garnieren.

- **Tipp:**
Anstelle von Limetten kann die Torte auch mit Johannisbeeren garniert werden.

SCHNELL ZUBEREITET

Nuss-Pudding-Torte

Zubereitungszeit: 45 Min.,
ohne Kühlzeit
Backzeit: etwa 45 Min.

Insgesamt:
E: 138 g, F: 658 g, Kh: 760 g,
kJ: 39429, kcal: 9414

Für den Schüttelteig:
- **150 g gemahlene Haselnusskerne**
- **200 g Butter**
- **100 g Marzipan-Rohmasse**
- **200 g Weizenmehl**
- **1 Pck. Pudding-Pulver Vanille-Geschmack**
- **3 gestr. TL Backpulver**
- **200 g Zucker**
- **1 Pck. Vanillin-Zucker**
- **4 Eier (Größe M)**
- **1 Pck. Finesse Natürliches Jamaica-Rum-Aroma**
- **100 ml Schlagsahne**

Für die Puddingcreme:
- **2 Pck. Pudding-Pulver Vanille-Geschmack**
- **100 g Zucker**
- **1 l Milch**
- **100 g Butter**

Zum Bestreichen:
- **400 ml Schlagsahne**
- **1 Pck. Vanillin-Zucker**
- **2 Pck. Sahnesteif**

Zum Besprenkeln:
- **25 g Zartbitterschokolade**

Zum Garnieren:
- **12 Schoko-Meeresfrüchte**

1 Für den Teig Haselnusskerne in einer Pfanne ohne Fett leicht bräunen und auf einem Teller erkalten lassen. Butter in einem kleinen Topf zerlassen. Marzipan klein schneiden und unter Rühren darin auflösen. Mehl mit Pudding-Pulver und Backpulver mischen, in eine verschließbare Schüssel (etwa 3 l) sieben und mit Zucker und Vanillin-Zucker mischen. Eier, Aroma, Sahne und die Butter-Marzipan-Mischung hinzufügen und die Schüssel mit dem Deckel fest verschließen.

2 Mehrmals kräftig schütteln, so dass alle Zutaten gut vermischt sind und Haselnusskerne hinzugeben. Alles mit einem Schneebesen oder Rührlöffel nochmals sorgfältig durchrühren, damit trockene Zutaten vom Rand mit untergerührt werden. Teig in eine Springform (Ø 26 cm, Boden gefettet, mit Backpapier belegt) füllen und glatt streichen. Die Form auf dem Rost in den Backofen schieben.

Ober-/Unterhitze:
etwa 180 °C (vorgeheizt)
Heißluft: etwa 160 °C
(nicht vorgeheizt)
Gas: Stufe 2–3 (nicht vorgeheizt)
Backzeit: etwa 45 Min.

3 Die Form 10 Minuten auf einen Kuchenrost stellen, dann den Gebäckboden aus der Form lösen und erkalten lassen. Den Boden anschließend zweimal waagerecht durchschneiden.

4 Für die Puddingcreme aus Pudding-Pulver, Zucker und Milch nach Packungsanleitung einen Pudding zubereiten, Butter unter den heißen Pudding rühren. Den unteren Gebäckboden auf eine Tortenplatte legen und einen Tortenring oder den gesäuberten Springformrand darumstellen. Die Hälfte der Puddingcreme auf den Boden streichen. Den mittleren Gebäckboden darauf legen und mit der restlichen Puddingcreme bestreichen. Den oberen Gebäckboden auflegen, andrücken und die Torte mindestens 2 Stunden kalt stellen.

5 Zum Bestreichen Tortenring oder Springformrand entfernen. Sahne mit Vanillin-Zucker und Sahnesteif steif schlagen und den Tortenrand sowie die Tortenoberfläche leicht wellig damit bestreichen. Zum Besprenkeln Schokolade in einen kleinen Gefrierbeutel geben und im warmen Wasserbad bei schwacher Hitze auflösen. Beutel trockentupfen, etwas durchkneten, eine kleine Ecke abschneiden, die Torte damit besprenkeln und kalt stellen, bis die Schokolade fest ist. Vor dem Servieren die Torte mit den Schoko-Meeresfrüchten garnieren.

- **Tipp:**
Backen Sie den Boden am Vortag.

Waldmeisterwürfel-Torte

*Zubereitungszeit: 40 Min.,
ohne Kühlzeit*
Backzeit: etwa 25 Min.

Insgesamt:
E: 104 g, F: 257 g, Kh: 382 g,
kJ: 17911, kcal: 4273

Zum Vorbereiten:
- **1 Beutel aus 1 Pck. Götterspeise Waldmeister-Geschmack**
- **250 ml (¼ l) kaltes Wasser**
- **30 g Zucker**

Für den All-in-Teig:
- **100 g Weizenmehl**
- **25 g Speisestärke**
- **3 gestr. TL Backpulver**
- **125 g Zucker**
- **1 Pck. Vanillin-Zucker**
- **1 Prise Salz**
- **3 Eier (Größe M)**
- **125 g weiche Butter oder Margarine**

Für den Belag:
- **400 ml Schlagsahne**
- **1 Pck. Sahnetortenhilfe**
- **50 g Zucker**
- **100 ml lauwarmes Wasser**
- **250 g Magerquark**
- **150 g Naturjoghurt**

1 Zum Vorbereiten Götterspeise in einen kleinen Topf geben, mit Wasser anrühren und 5 Minuten zum Quellen stehen lassen. Zucker zur Flüssigkeit geben und unter Rühren erhitzen (nicht kochen), bis alles aufgelöst ist. Die Flüssigkeit in einen kalt ausgespülten Suppenteller füllen und 2–3 Stunden kalt stellen, bis die Götterspeise schnittfest ist.

2 Für den Teig Mehl mit Speisestärke und Backpulver mischen und in eine Rührschüssel sieben. Zucker, Vanillin-Zucker, Salz, Eier und Butter oder Margarine hinzufügen. Die Zutaten mit Handrührgerät mit Rührbesen in 2 Minuten auf höchster Stufe zu einem Teig verarbeiten. Den Teig in eine Springform (Ø 26 cm, Boden gefettet, mit Backpapier belegt) füllen und glatt streichen. Die Form auf dem Rost in den Backofen schieben.

Ober-/Unterhitze:
etwa 180 °C (vorgeheizt)
Heißluft: etwa 160 °C (vorgeheizt)
Gas: Stufe 2–3 (vorgeheizt)
Backzeit: etwa 25 Min.

3 Den Gebäckboden 10 Minuten in der Form stehen lassen, dann aus der Form lösen und auf einen Kuchenrost stürzen. Mitgebackenes Backpapier abziehen, den Boden erkalten lassen und anschließend einmal waagerecht durchschneiden. Den unteren Boden auf eine Tortenplatte legen. Einen Tortenring oder den gesäuberten Springformrand darumstellen.

4 Für den Belag die erstarrte Götterspeise in dem Teller mit einem angefeuchteten Messer in 1 x 1 cm große Würfel schneiden. Sahne steif schlagen. Sahnetortenhilfe mit Zucker und Wasser in einer großen Schüssel nach Packungsanleitung zubereiten. Dann nacheinander Quark und Joghurt unterrühren. Die steif geschlagene Sahne in zwei Portionen unterheben.

5 Die Hälfte der Creme auf den unteren Boden streichen. Die Hälfte der Götterspeisewürfel auf der Creme verteilen. Den oberen Gebäckboden darauf legen und etwas andrücken. Die restliche Creme darauf verteilen und mit Hilfe einer Gabel oder eines Tortenkamms verzieren. Die restlichen Götterspeisewürfel darauf geben. Die Torte etwa 3 Stunden kalt stellen.

6 Vor dem Servieren den Tortenring oder Springformrand mit einem Messer lösen und entfernen.

■ Tipp:
Die Götterspeise kann einen Tag vor dem Verzehr zubereitet und kalt gestellt werden.
Auch der Boden kann am Vortag gebacken werden.

Cappuccino-Paradies-Torte

**Zubereitungszeit: 80 Min.,
ohne Kühlzeit
Backzeit: etwa 12 Min.
je Boden**

**Insgesamt:
E: 91 g, F: 325 g, Kh: 496 g,
kJ: 22185, kcal: 5290**

Für den Teig:
- **50 g Amarettini
  (ital. Mandelgebäck)**
- **50 g Butter**
- **75 g Weizenmehl**
- **1 Msp. Backpulver**
- **50 g Haselnusskrokant**
- **50 g Instant-
  Cappuccino-Pulver**
- **4 Eiweiß (Größe M)**
- **150 g Zucker**
- **50 g Marzipan-Rohmasse**
- **4 Eigelb (Größe M)**
- **1 Pck. Vanillin-Zucker**
- **1 Prise Salz**

Für die Füllung:
- **100 g zweifarbige
  Cappuccinoschokolade
  (keine gefüllte Schokolade
  verwenden)**
- **1 Pck. Paradiescreme
  Sahne-Karamell-
  Geschmack (Dessertpulver)**
- **100 ml Milch**
- **100 ml Schlagsahne**
- **2 EL Kaffeelikör
  oder kalter Kaffee**

Zum Verzieren und Garnieren:
- **400 ml Schlagsahne**
- **1 Pck. Sahnesteif**
- **1 Pck. Vanillin-Zucker**
- **50 g abgezogene,
  gehobelte Mandeln**
- **Kakaopulver**

1 Für den Teig Amarettini in einen Gefrierbeutel geben, ihn verschließen und die Amarettini mit einer Teigrolle zerbröseln. Butter in einem Topf bei schwacher Hitze zerlassen. Mehl mit Backpulver mischen, sieben und mit Bröseln, Krokant und Cappuccino-Pulver vermischen. Eiweiß in einer Rührschüssel mit Handrührgerät mit Rührbesen so steif schlagen, dass ein Messerschnitt sichtbar bleibt. 100 g von dem Zucker nach und nach auf höchster Stufe unterschlagen.

2 Marzipan klein schneiden und nach und nach mit Eigelb, übrigem Zucker, Vanillin-Zucker und Salz schaumig schlagen. Eischnee unter die schaumige Eigelbmasse heben. Das Mehl-Brösel-Gemisch kurz unterheben. Zuletzt die zerlassene Butter kurz unterrühren.

3 Jeweils einen Kreis (Ø 26 cm) auf 3 Bögen Backpapier zeichnen und einen Bogen auf ein Backblech legen. Jeweils ein Drittel des Teiges so auf der vorgezeichneten runden Fläche verstreichen, dass am Rand 1 cm frei bleibt. Das Backblech in den Backofen schieben.

**Ober-/Unterhitze:
etwa 180 °C (vorgeheizt)
Heißluft: etwa 160 °C (vorgeheizt)
Gas: Stufe 2–3 (vorgeheizt)
Backzeit: etwa 12 Min. je Boden.**

4 Den Boden mit dem Backpapier vom Backblech ziehen und auf einem Kuchenrost erkalten lassen. Die 2 weiteren Böden ebenso backen und erkalten lassen.

5 Für die Füllung Cappuccinoschokolade mit einem Sparschäler an der schmalen Seite so abschaben, dass die Schokolocken hell und dunkel sind. Paradiescreme nach Packungsanleitung, aber mit nur 100 ml Milch und 100 ml Sahne zubereiten. Zum Schluss Kaffeelikör oder Kaffee kurz unterrühren.

6 Einen Tortenring oder Springformrand um den ersten Boden stellen, mit einem Drittel der Creme bestreichen und mit einem Drittel der Schokolocken bestreuen. Den zweiten Boden darauflegen, leicht andrücken und wieder ein Drittel der Creme und ein weiteres Drittel der Schokolocken darauf geben. Dritten Boden auflegen, leicht andrücken und die restliche Creme darauf verstreichen. Torte kurz kalt stellen.

7 Zum Bestreichen und Verzieren Sahne mit Sahnesteif und Vanillin-Zucker steif schlagen. Tortenring oder Springformrand vorsichtig lösen und

(Fortsetzung Seite 34)

entfernen und den Rand der Torte mit etwa der Hälfte der Sahne bestreichen. Restliche Sahne in einen Spritzbeutel mit Sterntülle (Ø etwa 11 mm) füllen, die Tortenoberfläche in 16 Stücke einteilen und mit der Sahne verzieren.

8 Zum Garnieren Mandeln in einer Pfanne ohne Fett leicht bräunen und auf einem Teller erkalten lassen. Die übrigen Schokolocken auf die Torte streuen und den Rand mit den gerösteten Mandeln garnieren. Für eine Scha-blone ein Herz (etwa 7 cm) aus Pappe ausschneiden. Kurz vor dem Servieren die Herzumrandung vorsichtig auflegen. Torte mit etwas Kakao bestäuben und wieder vorsichtig entfernen.

Jogger-Torte

Zubereitungszeit: 40 Min., ohne Auftau- und Kühlzeit
Backzeit: etwa 30 Min.

Insgesamt:
E: 86 g, F: 236 g, Kh: 470 g, kJ: 18422, kcal: 4396

Zum Vorbereiten:
- **300 g gemischte TK-Beerenfrüchte**

Für den Rührteig:
- **125 g Butter oder Margarine**
- **125 g Zucker**
- **1 Pck. Vanillin-Zucker**
- **3 Eier (Größe M)**
- **100 g Weizenmehl**
- **25 g Speisestärke**
- **3 gestr. TL Backpulver**
- **50 g abgezogene, gehobelte Mandeln**

Für den Belag:
- **1 Beutel aus 1 Pck. Götter-speise Himbeer-Geschmack**
- **200 ml Wasser**
- **150 g Zucker**
- **500 g Naturjoghurt**

Zum Verzieren und Garnieren:
- **200 ml Schlagsahne**
- **1 Pck. Vanillin-Zucker**
- **1 Pck. Sahnesteif**
- **einige Jogger-Gums (von Katjes)**

1 Zum Vorbereiten Beerenfrüchte in einer Schüssel auftauen lassen.

2 Für den Teig Butter oder Margarine mit Handrührgerät mit Rührbesen auf höchster Stufe geschmeidig rühren. Nach und nach Zucker und Vanillin-Zucker unterrühren. So lange rühren, bis eine gebundene Masse entstanden ist.

3 Eier nach und nach unterrühren (jedes Ei etwa 1/2 Minute). Mehl mit Speisestärke und Backpulver mischen, sieben und portionsweise auf mittlerer Stufe unterrühren. Zuletzt Mandeln unterrühren. Den Teig in eine Springform (Ø 26 cm, Boden gefettet, mit Backpapier belegt) füllen und verstreichen. Die Form auf dem Rost in den Backofen schieben.

Ober-/Unterhitze:
etwa 180 °C (vorgeheizt)
Heißluft: etwa 160 °C (vorgeheizt)
Gas: Stufe 2–3 (vorgeheizt)
Backzeit: etwa 30 Min.

4 Boden aus der Form lösen und mit Backpapier auf einem Kuchenrost erkalten lassen. Anschließend Backpapier entfernen, Boden auf eine Tortenplatte legen und einen Tortenring eng darumstellen, damit der Belag nicht ausläuft.

5 Für den Belag Götterspeise nach Packungsanleitung, aber mit nur 200 ml Wasser anrühren und 5 Minuten quellen lassen. Götterspeise mit 150 g Zucker erwärmen (nicht kochen), unter Rühren auflösen und unter den Joghurt rühren. Die aufgetauten Beerenfrüchte vorsichtig unterheben. Den flüssigen Belag auf dem Boden verteilen und die Torte mindestens 3 Stunden kalt stellen.

6 Zum Verzieren und Garnieren Tortenring lösen und entfernen. Sahne mit Vanillin-Zucker und Sahnesteif steif schlagen, mit Hilfe von 2 Esslöffeln in Nocken auf die Torte setzen und mit Jogger-Gums garnieren.

Vergoldete Nusstorte

Zubereitungszeit: 60 Min., ohne Kühlzeit
Backzeit: etwa 30 Min.

Insgesamt:
E: 104 g, F: 435 g, Kh: 648 g, kJ: 28991, kcal: 6915

Für den Biskuitteig:
- ■ **100 g gemahlene Haselnusskerne**
- ■ **4 Eier (Größe M)**
- ■ **4 EL heißes Wasser**
- ■ **150 g Zucker**
- ■ **1 Pck. Vanillin-Zucker**
- ■ **150 g Weizenmehl**
- ■ **1 gestr. TL Backpulver**

Für die Füllung:
- ■ **1 Pck. Pudding-Pulver Mandel-Geschmack**
- ■ **50 g Zucker**
- ■ **375 ml (³/₈ l) Milch**
- ■ **50 g gemahlene Haselnusskerne**
- ■ **175 g weiche Butter**
- ■ **100 g Nuss-Nougat**
- ■ **1 EL gesiebter Puderzucker**

Für den Guss:
- ■ **100 g Nuss-Nougat**
- ■ **100 g Haselnussglasur**

Zum Verzieren und Garnieren:
- ■ **40 g Zartbitterschokolade**
- ■ **einige Schoko-Nuss-Konfektkugeln**

1 Für den Teig Haselnusskerne in einer Pfanne ohne Fett leicht bräunen und auf einem Teller erkalten lassen. Eier und Wasser mit Handrührgerät mit Rührbesen auf höchster Stufe in 1 Minute schaumig schlagen. Zucker mit Vanillin-Zucker mischen, in 1 Minute einstreuen, dann noch 2 Minuten schlagen.

2 Mehl mit Backpulver mischen, sieben, mit den Nusskernen mischen. Die Hälfte davon auf die Eiercreme geben und kurz auf niedrigster Stufe unterrühren. Das restliche Mehl-Nuss-Gemisch auf die gleiche Weise unterarbeiten. Teig in eine Springform (Ø 26 cm, Boden gefettet, mit Backpapier belegt) geben und glatt streichen. Die Form auf dem Rost in den Backofen schieben.

Ober-/Unterhitze:
etwa 180 °C (vorgeheizt)
Heißluft: etwa 160 °C (vorgeheizt)
Gas: Stufe 2–3 (vorgeheizt)
Backzeit: etwa 30 Min.

3 Boden auf einen mit Backpapier belegten Kuchenrost stürzen, mitgebackenes Backpapier abziehen, Boden erkalten lassen. Anschließend den Boden zweimal waagerecht durchschneiden.

4 Für die Füllung aus Pudding-Pulver und Zucker nach Packungsanleitung, aber mit nur 375 ml (³/₈ l) Milch einen Pudding zubereiten. Pudding von der Kochstelle nehmen und bei Zimmertemperatur erkalten lassen, dabei gelegentlich umrühren. Haselnusskerne in einer Pfanne ohne Fett leicht bräunen und auf einem Teller erkalten lassen.

5 Butter geschmeidig rühren und den erkalteten Pudding esslöffelweise unterrühren, dabei darauf achten, dass Butter und Pudding Zimmertemperatur haben, da die Creme sonst gerinnt. Nuss-Nougat in einem kleinen Topf im Wasserbad bei schwacher Hitze geschmeidig rühren und etwas abkühlen lassen. Unter zwei Drittel der Buttercreme nach und nach Nuss-Nougat rühren. Unter die restliche Buttercreme Haselnusskerne und Puderzucker rühren.

6 Den unteren Boden mit der Nussbuttercreme bestreichen, mittleren Boden darauf legen, leicht andrücken und mit gut der Hälfte der Nougatbuttercreme bestreichen. Den oberen Boden auflegen, leicht andrücken und Tortenrand und -oberfläche mit der restlichen Nougatbuttercreme bestreichen. Die Torte etwa 2 Stunden kalt stellen.

7 Für den Guss Nuss-Nougat mit Haselnussglasur in einem Topf im Wasserbad bei schwacher Hitze geschmeidig rühren. Guss auf die Tortenoberfläche gießen und mit einem Messer so verstreichen, dass er am Rand in „Nasen" herunterläuft. Guss fest werden lassen. Schokolade in einem Topf im Wasserbad bei schwacher Hitze geschmeidig rühren, die Torte damit verzieren und mit Schoko-Nuss-Konfektkugeln garnieren.

Pharisäer-Torte

**Zubereitungszeit: 50 Min.,
ohne Kühlzeit**
Backzeit: etwa 15 Min.

Insgesamt:
**E: 86 g, F: 318 g, Kh: 494 g,
kJ: 22428, kcal: 5353**

Zum Vorbereiten:
- **2 Pck. Gala Pudding-Pulver Sahne-Geschmack**
- **120 g Zucker**
- **50 g Instant-Cappuccino-Pulver, ungesüßt**
- **400 ml Milch**
- **300 ml Schlagsahne**

Für den Biskuitteig:
- **4 Eier (Größe M)**
- **65 g Zucker**
- **1 Pck. Vanillin-Zucker**
- **1 Pck. Finesse Geriebene Zitronenschale, 1 Prise Salz**
- **100 g Weizenmehl**
- **1 Msp. Backpulver**
- **50 g gemahlene Haselnusskerne**

Zum Tränken und Belegen:
- **2 EL Rum**
- **6 Ritter RUM „Knusperstücke"**

Für die Füllung:
- **300 ml Schlagsahne**
- **1 Pck. Vanillin-Zucker**
- **1 Pck. Sahnesteif**
- **50 ml Rum**

Zum Garnieren und Bestäuben:
- **2–3 Ritter RUM „Knusperstücke"**
- **Kakaopulver**

1 Zum Vorbereiten aus Pudding-Pulver nach Packungsanleitung, aber mit 120 g Zucker, Cappuccino-Pulver, 400 ml Milch und 300 ml Sahne einen Pudding zubereiten. Pudding in eine Schüssel geben, Frischhaltefolie direkt auf den heißen Pudding legen, damit sich keine Haut bildet, und erkalten lassen.

2 Für den Teig Eier mit Handrührgerät mit Rührbesen auf höchster Stufe in 1 Minute schaumig schlagen. Zucker, Vanillin-Zucker, Zitronenschale und Salz und mischen, in 1 Minute einstreuen, dann noch etwa 2 Minuten weiterschlagen.

3 Mehl mit Backpulver mischen, auf die Eiercreme sieben und kurz auf niedrigster Stufe unterrühren. Zuletzt kurz die Haselnusskerne unterheben. Den Teig in eine Springform (Ø 26 cm, Boden gefettet, mit Backpapier belegt) füllen und glatt streichen. Die Form auf dem Rost in den Backofen schieben und sofort backen.

**Ober-/Unterhitze:
etwa 200 °C (vorgeheizt)
Heißluft: etwa 180 °C (vorgeheizt)
Gas: Stufe 3–4 (vorgeheizt)
Backzeit: etwa 15 Min.**

4 Den Boden aus der Form lösen und auf einem Kuchenrost erkalten lassen. Anschließend Backpapier vorsichtig abziehen und den Boden einmal waagerecht durchschneiden.

5 Den unteren Boden auf eine Tortenplatte legen, einen Tortenring oder einen mit Backpapier ausgelegten Springformrand darumstellen und den Boden mit Rum tränken. 6 Ritter RUM „Knusperstücke" klein schneiden und darauf verteilen.

6 Für die Füllung Sahne mit Vanillin-Zucker und Sahnesteif steif schlagen. Die Hälfte der Sahne in einen Spritzbeutel mit Sterntülle (Ø etwa 8 mm) füllen. Den kalten Pudding mit Handrührgerät mit Rührbesen cremig rühren, Rum unterrühren und die restliche steif geschlagene Sahne vorsichtig unterrühren. Die Füllung auf dem unteren Boden glatt streichen.

7 Den oberen Boden in 16 Stücke teilen und auf die Torte legen. Mit der Sahne aus dem Spritzbeutel dekorative Kringel auf die Stücke spritzen. Ritter RUM „Knusperstücke" in Scheiben schneiden und auf die eingeteilten Tortenstücke legen. Vor dem Servieren Tortenring oder Springformrand lösen und entfernen und die Torte mit Kakao bestäuben.

Erfrischende Zitronentorte

**Zubereitungszeit: 50 Min.,
ohne Kühlzeit
Backzeit: etwa 50 Min.**

**Insgesamt:
E: 74 g, F: 201 g, Kh: 324 g,
kJ: 14448, kcal: 3443**

Für den Brandteig:
- **125 ml (¹/₈ l) Wasser**
- **25 g Butter oder Margarine**
- **75 g Weizenmehl**
- **15 g Speisestärke**
- **1 Prise Salz**
- **2–3 Eier (Größe M)**
- **1 Msp. Backpulver**

Für den Belag:
- **10 Blatt weiße Gelatine**
- **400 ml Schlagsahne**
- **1 EL Zucker**
- **1 Pck. Vanillin-Zucker**
- **500 ml (¹/₂ l) Buttermilch**
- **2 Pck. Paradiescreme
  Zitronen-Geschmack
  (Dessertpulver)**
- **2 Pck. (je 75 g)
  Erfrischungsstäbchen**

1 Für den Teig Wasser mit Butter oder Margarine am besten in einem Stieltopf zum Kochen bringen. Mehl mit Speisestärke sieben, mit dem Salz auf einmal in die von der Kochstelle genommene Flüssigkeit schütten, zu einem glatten Kloß rühren und unter Rühren etwa 1 Minute erhitzen. Den heißen Kloß sofort in eine Schüssel geben.

2 Nach und nach Eier mit Handrührgerät mit Knethaken auf höchster Stufe unterarbeiten. Der Teig muss stark glänzen und so vom Löffel abreißen, dass lange Spitzen hängen bleiben. Backpulver in den erkalteten Teig arbeiten.

3 Die Hälfte des Teiges in einen Spritzbeutel mit kleiner Lochtülle füllen und erbsen- bis haselnussgroße Kügelchen mit etwas Abstand auf ein Backblech (gefettet) spritzen. Das Backblech in den Backofen schieben.

**Ober-/Unterhitze:
etwa 180 °C (vorgeheizt)
Heißluft: etwa 160 °C (vorgeheizt)
Gas: Stufe 2–3 (vorgeheizt)
Backzeit: 15–20 Min.**

4 Die Kügelchen auf einen Kuchenrost schütten und erkalten lassen. Die andere Hälfte des Teiges auf dem gefetteten Boden einer Springform (Ø 26 cm) glatt verstreichen und den Springformrand darumlegen. Die Springform auf dem Rost in den Backofen schieben und **bei gleicher Backofeneinstellung etwa 30 Minuten backen.**

5 Den Boden mit Hilfe eines Tafelmessers aus der Form lösen und auf einem Kuchenrost erkalten lassen. Anschließend den Boden auf eine Tortenplatte legen und den gesäuberten Springformrand darumstellen.

6 Für den Belag Gelatine nach Packungsanleitung einweichen. In der Zwischenzeit Sahne mit Zucker und Vanillin-Zucker in einer Rührschüssel steif schlagen. Buttermilch in einen hohen Rührbecher geben, Paradiescreme hinzufügen und alles nach Packungsanleitung mit Handrührgerät mit Rührbesen kurz auf niedrigster, dann auf höchster Stufe 3 Minuten aufschlagen.

7 Etwa 12 Erfrischungsstäbchen zum Garnieren beiseite legen und die restlichen Stäbchen kurz unter die Paradiescreme rühren, so dass sie zerbrechen. Gelatine in einem kleinen Topf bei schwacher Hitze unter Rühren auflösen und in einem dünnen Strahl unter Rühren mit dem Handrührgerät in die Sahne geben. Anschließend die Paradiescreme mit Hilfe eines Schneebesens unter die Sahne heben. Creme auf dem Boden verstreichen und die Torte mindestens 2 Stunden kalt stellen.

8 Kurz vor dem Servieren Springformrand vorsichtig lösen und entfernen. Die Brandteigkügelchen auf die Torte streuen und die Erfrischungsstäbchen dekorativ auf die Torte legen.

■ Tipp:
Bestäuben Sie die Torte kurz vor dem Servieren mit etwas Puderzucker.

Orangen-Schichttorte

Zubereitungszeit: 80 Min., ohne Abkühlzeit
Backzeit: etwa 10 Min. je Boden

Insgesamt:
E: 69 g, F: 448 g, Kh: 591 g,
kJ: 27963, kcal: 6677

Für den Rührteig:
- **175 g Butter oder Margarine**
- **175 g Zucker**
- **1 Pck. Vanillin-Zucker**
- **1 Prise Salz**
- **3 Eier (Größe M)**
- **150 g Weizenmehl**
- **30 g Speisestärke**
- **1 gestr. TL Backpulver**

Für den Guss:
- **150 g Halbbitter-Kuvertüre**
- **20 g Kokosfett**
  oder 2 EL Speiseöl

Für die Füllung:
- **2 Pck. Galetta Vanille-Geschmack (Pudding-Pulver ohne Kochen)**
- **350 ml Orangensaft**
- **600 ml Schlagsahne**

Zum Bestreuen:
- **Pistazienkerne**

Zum Garnieren:
- **Orangenfilets**

1 Für den Teig Butter oder Margarine mit Handrührgerät mit Rührbesen auf höchster Stufe geschmeidig rühren. Nach und nach Zucker, Vanillin-Zucker und Salz hinzufügen. So lange rühren, bis eine gebundene Masse entstanden ist. Eier nach und nach unterrühren (jedes Ei etwa 1/2 Minute).

2 Mehl mit Speisestärke und Backpulver mischen, sieben und portionsweise auf mittlerer Stufe unterrühren. Aus dem Teig 4 Böden backen, dazu jeweils ein Viertel des Teiges auf einen Springformboden (Ø 26 cm, Boden gefettet) streichen und einen Springformrand darumlegen. Die Böden nacheinander auf dem Rost in den Backofen schieben.

Ober-/Unterhitze:
etwa 180 °C (vorgeheizt)
Heißluft: etwa 160 °C (vorgeheizt)
Gas: Stufe 2–3 (vorgeheizt)
Backzeit: etwa 10 Min. je Boden.

3 Die Gebäckböden sofort nach dem Backen aus der Springform lösen und einzeln auf einem mit Backpapier belegten Kuchenrost erkalten lassen.

4 Für den Guss Kuvertüre in kleine Stücke hacken und mit Kokosfett oder Speiseöl in einem kleinen Topf im Wasserbad bei schwacher Hitze geschmeidig rühren. Die Oberfläche der Gebäckböden damit bestreichen. Einen der Gebäckböden in 16 Tortenstücke schneiden, mit Pistazien bestreuen und den Guss gut fest werden lassen.

5 Für die Füllung aus Galetta nach Packungsanleitung, aber mit Orangensaft und Sahne einen Pudding zubereiten. Die Puddingcreme portionsweise in einen Spritzbeutel mit Lochtülle (Ø etwa 9 mm) füllen. Die Creme in dicken Tupfen auf die 3 restlichen Böden spritzen und mit dem geschnittenen Gebäckboden zu einer Torte zusammensetzen. Die Torte mit Orangenfilets garnieren und bis zum Servieren kalt stellen.

Tipp:
Der Teig lässt sich besser auf den Springformböden verteilen, wenn der Springformboden vor dem nächsten Bestreichen etwas abkühlt.
Für die Orangenfilets 2 Orangen so schälen, dass die weiße Haut mitentfernt wird.

DAUERT ETWAS LÄNGER

Bananen-Makronen-Torte

Zubereitungszeit: 50 Min.,
ohne Kühlzeit
Backzeit: etwa 20 Min.
je Backblech

Insgesamt:
E: 77 g, F: 318 g, Kh: 450 g,
kJ: 20813, kcal: 4962

Für die Makronenmasse:
- **200 g Kokosraspel**
- **4 Eiweiß (Größe M)**
- **200 g feinkörniger Zucker**
- **1 Msp. gemahlener Zimt**
- **2 Tropfen Bittermandel-Aroma**

Für die Füllung:
- **100 g Zartbitterschokolade**
- **2 Pck. gemahlene Gelatine, weiß**
- **140 ml Wasser**
- **400 ml Schlagsahne**
- **2 Pck. Vanillin-Zucker**
- **2 Pck. Paradiescreme Bananen-Geschmack (Dessertpulver)**
- **400 ml Milch**
- **2 Bananen**

1 Für die Makronenmasse Kokosraspel in einer beschichteten Pfanne ohne Fett goldgelb rösten und auf einem Teller erkalten lassen. Einen Kreis (Ø 26 cm) auf einen Bogen Backpapier zeichnen und das Backpapier auf ein leicht gefettetes Backblech legen.

2 Eiweiß in einer Rührschüssel so steif schlagen, dass ein Messerschnitt sichtbar bleibt. Zucker, Zimt und Bittermandel-Aroma auf höchster Stufe kurz unterschlagen. Erkaltete Kokosraspel vorsichtig mit einem Teigschaber unter den Eischnee heben (nicht rühren). Masse in einen Spritzbeutel mit Sterntülle (Ø etwa 11 mm) geben und etwa drei Viertel der Masse spiralförmig zu einem Boden auf die Kreisfläche aufspritzen. Das Backblech in den Backofen schieben.

Ober-/Unterhitze:
etwa 140 °C (vorgeheizt)
Heißluft: etwa 120 °C (vorgeheizt)
Gas: etwa Stufe 1 (vorgeheizt)
Backzeit: etwa 20 Min.

3 Den Boden mit Backpapier auf einen Kuchenrost ziehen und erkalten lassen. Restliche Makronenmasse als einzelne kleine Makronen auf ein weiteres Backpapier spritzen und auf das Backblech ziehen. Das Backblech in den Backofen schieben und **bei gleicher Backofeneinstellung etwa 20 Minuten backen**.

4 Die Makronen mit dem Backpapier vom Backblech ziehen und auf einem Kuchenrost erkalten lassen. Den Boden ohne Backpapier auf eine Tortenplatte legen.

5 Für die Füllung Schokolade grob zerkleinern, in einem Topf im Wasserbad bei schwacher Hitze geschmeidig rühren, etwas abkühlen lassen und den Boden mit etwa zwei Drittel davon mit Hilfe eines Backpinsels bestreichen. Die einzelnen Makronen mit der restlichen Schokolade besprenkeln. Die Schokolade fest werden lassen.

6 Gelatine mit Wasser nach Packungsanleitung quellen lassen. Sahne mit Vanillin-Zucker steif schlagen. Paradiescreme nach Packungsanleitung, aber mit 400 ml Milch aufschlagen. Gelatine in einem kleinen Topf bei schwacher Hitze unter Rühren auflösen (nicht kochen). Erst etwa 4 Esslöffel der steif geschlagenen Sahne mit der aufgelösten Gelatine verrühren, dann die Mischung unter Rühren in die übrige Sahne geben. Paradiescreme unter die Sahne heben.

7 Eine dünne Schicht Bananencreme auf den Boden streichen. Bananen schälen, längs halbieren, mit der flachen Seite auf die Creme legen, dabei etwa 3 cm Rand frei lassen und die Bananen leicht andrücken. Restliche Creme als Kuppel aufstreichen und die Torte mindestens 3 Stunden kalt stellen.

8 Vor dem Servieren die Makronen dekorativ auf der Tortenoberfläche verteilen.

Tipp:
Statt Bittermandel-Aroma Butter-Vanille-Aroma verwenden.
Dieses Rezept eignet sich gut zur Eiweißverwertung.

Mandarinen-Eistorte

Zubereitungszeit: 50 Min,
ohne Gefrierzeit
Backzeit: etwa 15 Min.

Insgesamt:
E: 43 g, F: 248 g, Kh: 472 g,
kJ: 18578, kcal: 4432

Für den Knetteig:
- **150 g Weizenmehl**
- **1 Msp. Backpulver**
- **40 g Zucker**
- **1 Pck. Vanillin-Zucker**
- **100 g Butter oder Margarine**

Für den Belag:
- **100 g Baiser (Schaumgebäck)**
- **2 Dosen Mandarinen (Abtropfgewicht je 175 g)**
- **400 ml Schlagsahne**
- **100 ml Orangensaft**
- **50 ml weißer Rum**
- **2 Pck. Paradiescreme Vanille-Geschmack**
- **50 g Raspelschokolade**

Zum Verzieren:
- **30 g Zartbitterschokolade**

1 Für den Teig Mehl mit Backpulver mischen und in eine Rührschüssel sieben. Restliche Zutaten hinzufügen und mit Handrührgerät mit Knethaken kurz auf niedrigster, dann auf höchster Stufe gut durcharbeiten. Anschließend auf einer bemehlten Arbeitsfläche kurz zu einem glatten Teig verkneten.

2 Den Teig auf einem Springformboden (Ø 26 cm, gefettet) ausrollen und mit einer Gabel mehrfach einstechen. Springformrand darumstellen und die Form auf dem Rost in den Backofen schieben.

Ober-/Unterhitze:
etwa 200 °C (vorgeheizt)
Heißluft: etwa 180 °C (vorgeheizt)
Gas: Stufe 3–4 (vorgeheizt)
Backzeit: etwa 15 Min.

3 Springformrand entfernen, Gebäck vom Springformboden lösen, aber darauf auf einem Kuchenrost erkalten lassen. Anschließend den Boden auf eine Tortenplatte legen und den gesäuberten Springformrand darumstellen.

4 Für den Belag Baiser in einen Gefrierbeutel geben, ihn gut verschließen und den Baiser mit einer Teigrolle grob zerkleinern. Ein Drittel der Baiserbrösel zum Garnieren beiseite stellen. Mandarinen in einem Sieb gut abtropfen lassen, 12 Stück zum Garnieren beiseite legen.

5 Sahne mit Orangensaft und Rum in eine Rührschüssel geben. Paradiescreme hinzufügen und alles nach Packungsanleitung mit Handrührgerät mit Rührbesen kurz auf niedrigster, dann auf höchster Stufe 3 Minuten aufschlagen. Raspelschokolade kurz unterrühren.

6 Erst die Baiserbrösel, dann die Mandarinen mit Hilfe eines Teigschabers unterheben. Creme auf dem Boden glatt streichen. Anschließend die 12 Mandarinen dekorativ darauf legen. Die beiseite gestellten Baiserbrösel in die Mitte streuen. Die Eistorte mindestens 6 Stunden (am besten über Nacht) in den Gefrierschrank stellen.

7 Die Eistorte etwa 1 Stunde vor dem Servieren aus dem Gefrierschrank nehmen und kalt stellen. Kurz vor dem Servieren den Springformrand lösen und entfernen.

8 Zum Verzieren Schokolade in Stücke brechen und in einem kleinen Gefrierbeutel im Wasserbad bei schwacher Hitze auflösen. Anschließend Beutel trockentupfen und etwas durchkneten, eine kleine Ecke abschneiden und den Rand der Torte mit Schokolade besprenkeln.

- **Tipp:**
Statt weißen Rum können Sie auch Orangensaft verwenden.
Als Spritzschutz beim Zubereiten der Creme auf die Rührschüssel um das Handrührgerät herum locker etwas Küchenpapier legen.

MIT ALKOHOL

Ali-Baba-Torte

**Zubereitungszeit: 90 Min.,
ohne Teiggeh- und Kühlzeit
Backzeit: etwa 25 Min.**

**Insgesamt:
E: 80 g, F: 193 g, Kh: 519 g,
kJ: 17303, kcal: 4129**

Für den Hefeteig:
- **125 ml (¹/₈ l) Milch**
- **25 g Butter**
- **300 g Weizenmehl**
- **1 Pck. Trockenhefe**
- **50 g Zucker**
- **1 Pck. Vanillin-Zucker**
- **1 Prise Salz, 1 Ei (Größe M)**

Für den Belag:
- **50 g Butter, 40 g Zucker**
- **1 Pck. Vanillin-Zucker**
- **1 TL Honig**
- **2 EL Schlagsahne**
- **75 g Sesamsamen**

Für die Füllung:
- **4 frische Feigen**
- **1 Pck. Gala Pudding-Pulver Bourbon-Vanille**
- **50 g Zucker**
- **300 ml Milch**
- **180 ml Schlagsahne**
- **1 Pck. Sahnesteif**

Zum Garnieren:
- **2 frische Feigen**
- **1 EL helle Konfitüre, z. B. Aprikosenkonfitüre**

1 Für den Teig Milch erwärmen und Butter darin zerlassen. Mehl in eine Rührschüssel sieben und mit Trockenhefe sorgfältig vermischen. Zucker, Vanillin-Zucker, Salz, Ei und Milch-Butter-Flüssigkeit hinzufügen.

2 Die Zutaten mit Handrührgerät mit Knethaken zunächst auf niedrigster, dann auf höchster Stufe in etwa 5 Minuten zu einem glatten Teig verarbeiten. Den Teig zugedeckt so lange an einem warmen Ort stehen lassen, bis er sich sichtbar vergrößert hat.

3 Für den Belag Butter mit Zucker, Vanillin-Zucker, Honig und Sahne in einem kleinen Topf unter Rühren langsam erhitzen und etwa 1 Minute gut kochen lassen. Sesamsamen unterrühren. Die Masse etwas abkühlen lassen, dabei gelegentlich umrühren.

4 Den Teig auf der leicht bemehlten Arbeitsfläche noch einmal kurz durchkneten und auf dem gefetteten Boden einer Springform (Ø 26 cm) ausrollen. Den Springformrand darumstellen und den Teig mit einer Gabel mehrfach einstechen. Den Belag gleichmäßig auf dem Teig verteilen, dabei am Rand etwa 1 cm frei lassen. Teig zugedeckt noch einmal etwa 20 Minuten gehen lassen und anschließend die Form auf dem Rost in den Backofen schieben.

**Ober-/Unterhitze:
etwa 200 °C (vorgeheizt)
Heißluft: etwa 180 °C (vorgeheizt)
Gas: Stufe 3–4 (vorgeheizt)
Backzeit: etwa 25 Min.**

5 Den Boden vorsichtig aus der Springform lösen und auf einem Kuchenrost erkalten lassen.

6 Für die Füllung Feigen waschen, abtropfen lassen, entstielen und in kleine Würfel schneiden. Aus Pudding-Pulver, Zucker und Milch nach Packungsanleitung, aber mit nur 300 ml Milch einen Pudding zubereiten. Den Pudding in eine Schüssel geben, Frischhaltefolie direkt auf die heiße Puddingoberfläche legen, damit sich keine Haut bildet und den Pudding erkalten lassen.

7 Den Boden einmal waagerecht durchschneiden und den Sesamboden in 12 Stücke schneiden. Den unteren Boden auf eine Tortenplatte legen und mit den Feigenwürfeln belegen. Sahne mit Sahnesteif steif schlagen und 3–4 Esslöffel davon in einen Spritzbeutel mit großer Lochtülle füllen.

8 Pudding mit Handrührgerät mit Rührbesen cremig rühren, dann die Sahne vorsichtig unterheben und auf den Feigen verstreichen. Die Stücke des Sesambodens auf die Füllung legen und dekorativ einen Sahnetuff auf jedes Stück spritzen.

(Fortsetzung Seite 50)

9 Feigen waschen, trockentupfen und jede in 6 Spalten schneiden. Konfitüre durch ein Sieb streichen, die Feigenstücke mit Hilfe eines Backpinsels mit der Konfitüre bestreichen und jeden Tuff mit einer Feigenspalte belegen.

■ **Tipp:**
Sie können anstatt der frischen Feigen auch 1 Dose Feigen (Abtropfgewicht 210 g) zum Füllen und Garnieren verwenden, diese vorher in einem Sieb gut abtropfen lassen.

Fruttina-Sekt-Torte

Zubereitungszeit: 40 Min., ohne Kühlzeit

Insgesamt:
E: 42 g, F: 265 g, Kh: 457 g, kJ: 18983, kcal: 4534

Für die Füllung:
- **1 kleine Dose Aprikosenhälften (Abtropfgewicht 240 g)**
- **200 ml Aprikosensaft aus der Dose, 200 ml Sekt**
- **1 Pck. Fruttina Aprikosen-Geschmack (Fruchtpuddingpulver), 100 g Zucker**

Für den Boden:
- **150 g weiße Kuvertüre oder Schokolade**
- **200 g Knuspermüsli (ohne Rosinen)**

Für den Belag:
- **400 ml Schlagsahne**
- **1 Pck. Vanillin-Zucker**
- **2 Pck. Sahnesteif**
- **150 g Crème double**
- **nach Belieben etwas Zitronenmelisse**

1 Für die Füllung Aprikosen in einem Sieb gut abtropfen lassen, Saft dabei auffangen. 6 Aprikosenhälften beiseite legen und die restlichen Aprikosenhälften in kleine Würfel schneiden. Saft mit Sekt auf 400 ml ergänzen, evtl. mit Wasser auffüllen. Fruttina mit Zucker mischen und nach und nach mit etwa 6 Esslöffeln der Flüssigkeit glatt rühren. Übrige Flüssigkeit zum Kochen bringen, von der Kochstelle nehmen und angerührtes Pulver mit einem Schneebesen einrühren. Pudding unter Rühren kurz aufkochen lassen und die Aprikosenwürfel unterheben. Pudding in eine Rührschüssel umfüllen und erkalten lassen, dabei gelegentlich umrühren.

2 Für den Boden Kuvertüre oder Schokolade grob hacken und in einem Topf im Wasserbad bei schwacher Hitze geschmeidig rühren. Knuspermüsli in einen Gefrierbeutel geben, ihn verschließen und mit einer Teigrolle grob zerkleinern. Knuspermüslibrösel mit einem Esslöffel unter die Kuvertüre oder Schokolade rühren. Einen geschlossenen Springformrand (Ø 26 cm) auf eine mit Backpapier belegte Tortenplatte stellen. Die Masse in den Springformrand geben und mit einem Esslöffel gleichmäßig zu einem flachen Boden andrücken. Boden etwa 1 Stunde kalt stellen. Anschließend Backpapier mit Hilfe eines Tortenhebers vom Boden lösen und entfernen. Der Boden bleibt in der Springform auf der Tortenplatte.

3 Für den Belag Sahne mit Vanillin-Zucker und Sahnesteif steif schlagen. Crème double hinzufügen und kurz unterrühren. Die Puddingfüllung kurz durchrühren, auf den kalten Boden geben und glatt streichen. Anschließend die Sahne darauf verteilen und mit einem Löffel wellenartig verstreichen.

4 Die 6 beiseite gelegten Aprikosenhälften fächerartig einschneiden und dekorativ auf die Torte legen. Die Torte etwa 1 Stunde kalt stellen. Vor dem Servieren Springformrand lösen und entfernen und die Torte nach Belieben mit Zitronenmelisse garnieren.

■ **Tipp:**
Statt mit Sekt können Sie Fruttina auch mit Wasser zubereiten.
Statt Crème double können Sie auch Crème fraîche verwenden.

Fruchtige Herrentorte

**Zubereitungszeit: 70 Min.,
ohne Kühlzeit
Backzeit: etwa 40 Min.**

**Insgesamt:
E: 92 g, F: 245 g, Kh: 795 g,
kJ: 25222, kcal: 6017**

Für den Knetteig:
- **125 g Weizenmehl**
- **1 Msp. Backpulver**
- **50 g Zucker**
- **50 g weiche Butter
  oder Margarine**
- **1 Ei (Größe M)**

Für den Biskuitteig:
- **100 g Butter**
- **6 Eiweiß (Größe M)**
- **100 g Zucker**
- **4 Eigelb (Größe M)**
- **50 g Zucker**
- **1 Pck. Pudding-Pulver
  Vanille-Geschmack**
- **50 g Speisestärke**

Für die Füllung:
- **2 Pck. Pudding-Pulver
  Vanille-Geschmack**
- **100 g Zucker**
- **500 ml (½ l) Apfelsaft**
- **300 ml Weißwein**
- **2 Eigelb (Größe M)**
- **100 g Marzipan-Rohmasse**
- **1 Pck. Finesse Geriebene
  Zitronenschale**
- **1 rotschaliger Apfel**
- **1 grünschaliger Apfel**

Zum Garnieren:
- **100 g Marzipan-Rohmasse**
- **50 g Puderzucker**

Für den Guss:
- **1 Pck. Tortenguss, klar**
- **2 EL Zucker**
- **125 ml (⅛ l) Weißwein
  oder Apfelsaft**
- **125 ml (⅛ l) Wasser**

1 Für den Knetteig Mehl mit Backpulver mischen und in eine Rührschüssel sieben. Restliche Zutaten hinzufügen und mit Handrührgerät mit Knethaken zunächst kurz auf niedrigster, dann auf höchster Stufe gut durcharbeiten. Anschließend auf einer bemehlten Arbeitsfläche kurz zu einem glatten Teig verkneten. Teig in Frischhaltefolie gewickelt etwa 30 Minuten kalt stellen. Anschließend den Teig auf einem Springformboden (Ø 26 cm, gefettet) ausrollen, mit einer Gabel mehrfach einstechen. Springformrand darumstellen, Form auf dem Rost in den Backofen schieben.

**Ober-/Unterhitze:
etwa 200 °C (vorgeheizt)
Heißluft: etwa 180 °C (vorgeheizt)
Gas: Stufe 3–4 (vorgeheizt)
Backzeit: etwa 15 Min.**

2 Springformrand entfernen, Gebäck vom Springformboden lösen, aber darauf auf einem Kuchenrost erkalten lassen.

3 Für den Biskuitteig Butter zerlassen und abkühlen lassen. Auf 5 Bögen Backpapier jeweils einen Kreis (Ø 26 cm) zeichnen und einen Bogen auf ein Backblech legen. Eiweiß in einer Rührschüssel so steif schlagen, dass ein Messerschnitt sichtbar bleibt. 100 g Zucker nach und nach kurz unterschlagen. Eigelb mit 50 g Zucker schaumig schlagen und mit einem Teigschaber unter den Eischnee heben. Pudding-Pulver mit Stärke mischen, sieben, ebenfalls unterheben und zuletzt die flüssige Butter kurz unterrühren. Aus dem Teig 5 Böden backen. Dazu jeweils ein Fünftel des Teiges auf die aufgezeichnete Kreisfläche streichen, dabei am Rand etwa 1 cm frei lassen und das Backblech in den Backofen schieben.

**Ober-/Unterhitze:
etwa 220 °C (vorgeheizt)
Heißluft: etwa 200 °C (vorgeheizt)
Gas: Stufe 4–5 (vorgeheizt)
Backzeit: etwa 5 Min. je Boden.**

4 Die Böden mit dem Backpapier auf je einen Kuchenrost ziehen und erkalten lassen.

5 Für die Füllung einen Pudding aus Pudding-Pulver, Zucker, Apfelsaft, Weißwein und Eigelb nach Packungsanleitung, aber mit den hier angegebenen Zutaten zubereiten. Marzipan klein schneiden und mit Zitronenschale in eine Rührschüssel geben. Den heißen Apfelpudding mit Handrührgerät mit Rührbesen nach und nach unterrühren.

(Fortsetzung Seite 54)

6 Äpfel waschen, halbieren und je 1 rote und grüne Hälfte in Frischhaltefolie verpackt zum Garnieren beiseite legen. Restliche Hälften schälen, entkernen und in dünne Spalten schneiden. Den Knetteigboden auf eine Tortenplatte legen und einen Tortenring oder den gesäuberten Springformrand darumstellen. Ein Fünftel der Creme auf dem Knetteigboden verstreichen. Einen Biskuitboden darauf legen und leicht

andrücken. Ein Fünftel der Creme darauf streichen und Apfelspalten darauf verteilen. Nächsten Boden auflegen und die Torte weiter so füllen. Die Torte 2–3 Stunden kalt stellen.

7 Zum Garnieren Marzipan mit Puderzucker verkneten und zwischen einem aufgeschnittenen Gefrierbeutel oder Frischhaltefolie ausrollen. Daraus einen Streifen in Umfang und Höhe der Torte (+ 1 cm höher) aus-

schneiden. Tortenring lösen und entfernen, den Marzipanstreifen um die Torte legen und leicht andrücken. Beiseite gelegte Apfelhälften entkernen, in sehr dünne Spalten schneiden und auf die Torte legen. Für den Guss Tortengusspulver mit Zucker, Weißwein oder Saft und Wasser nach Packungsanleitung zubereiten und mit Hilfe eines Backpinsels über die Früchte verteilen. Guss fest werden lassen und die Torte 1–2 Stunden kalt stellen.

Schneller Orangenkranz

**Zubereitungszeit: 45 Min.,
ohne Kühlzeit**

**Insgesamt:
E: 56 g, F: 227 g, Kh: 630 g,
kJ: 20407, kcal: 4855**

Für die Füllung:
- **2 Orangen**
- **etwa 200 ml Orangensaft**
- **150 g weiße Schokolade**
- **6 Blatt weiße Gelatine**
- **1 Pck. Pudding-Pulver Sahne-Geschmack**
- **1 Pck. Finesse Orangenfrucht, 3 EL Orangenlikör**
- **400 ml Schlagsahne**
- **1 Pck. Vanillin-Zucker**
- **2 Pck. (je 300 g) Griesson Soft Cake Orange (Biskuitkekse mit Füllung)**

1 Für die Füllung Orangen so schälen, dass die weiße Haut mitentfernt wird. Fruchtfilets herausschneiden,

Saft dabei auffangen. Fruchtfilets in einem Sieb abtropfen lassen, Saft ebenfalls auffangen und den gesammelten Saft mit Orangensaft auf 375 ml (³/₈ l) auffüllen. Schokolade grob zerkleinern. Gelatine nach Packungsanleitung einweichen.

2 Aus Pudding-Pulver und 375 ml (³/₈ l) Orangensaft nach Packungsanleitung einen Pudding zubereiten, die Schokolade hinzugeben und unter Rühren darin auflösen. Gelatine ausdrücken und ebenfalls in der heißen Masse unter Rühren auflösen. Orangenfrucht und nach Wunsch Likör unterrühren. Die Puddingmasse erkalten lassen, dabei gelegentlich umrühren.

3 Eine Frankfurter-Kranz-Form (Ø 26 cm) fetten und mit Frischhaltefolie oder einem großen aufgeschnittenen Gefrierbeutel auslegen. Sahne mit Vanillin-Zucker steif schlagen. Den erkalteten Pudding mit Handrühr-

gerät mit Rührbesen cremig rühren, dann die Sahne vorsichtig unterheben. So viel Puddingsahne in die Kranzform füllen, dass der Boden bedeckt ist.

4 Eine Reihe Soft Cakes mit der Schokoladenseite nach unten auf die Creme legen. Orangenfilets unter die restliche Puddingsahne heben. Wieder so viel Puddingsahne in die Form geben, bis die Soft Cakes bedeckt sind. Wieder eine Reihe Soft Cakes einlegen und mit den Zutaten weiter einschichten, so dass die Soft Cakes die letzte Schicht bilden (insgesamt 6 Schichten). Die obere Schicht mit überstehender Folie bedecken und mindestens 3 Stunden (am besten über Nacht) kalt stellen.

5 Den Kranz auf eine Tortenplatte stürzen, vorsichtig Form und Folie entfernen und mit den restlichen Soft Cakes dekorativ belegen. Nach Wunsch den Kranz mit Orangenfilets und Zitronenmelisseblättchen garnieren.

Erdnussrolle „Mr. Tom"

Zubereitungszeit: 40 Min.
Backzeit: etwa 10 Min.

Insgesamt:
E: 126 g, F: 387 g, Kh: 377 g,
kJ: 23019, kcal: 5494

Für den Biskuitteig:
- **3 Eier (Größe M)**
- **1 Eigelb (Größe M)**
- **100 g Zucker**
- **1 Pck. Vanillin-Zucker**
- **100 g Weizenmehl**
- **10 g Kakaopulver**
- **1 gestr. TL Backpulver**
- **1 EL Milch**

Für die Füllung:
- **200 g ungesalzene, geröstete Erdnusskerne**
- **25 g Butter, 50 g Zucker**
- **1 Pck. Vanillin-Zucker**
- **75 ml Schlagsahne**
- **1 Pck. Paradiescreme Schokolade-Geschmack (Dessertpulver)**
- **300 ml Schlagsahne**

Zum Bestreichen und Garnieren:
- **225 ml Schlagsahne**
- **1 Pck. Vanillin-Zucker**
- **½ Pck. (125 g) Mr. Tom Mini (Erdnussriegel)**

1 Für den Teig Eier und Eigelb mit Handrührgerät mit Rührbesen auf höchster Stufe in 1 Minute schaumig schlagen. Zucker und Vanillin-Zucker mischen, in 1 Minute einstreuen, dann noch etwa 2 Minuten weiterschlagen.

2 Mehl mit Kakaopulver und Backpulver mischen, auf die Eiercreme sieben und mit der Milch kurz auf niedrigster Stufe unterrühren. Den Teig auf einem Backblech (30 x 40 cm, gefettet, mit Backpapier belegt) glatt streichen, das Backpapier an der offenen Seite des Backblechs so zu einer Falte knicken, dass ein Rand entsteht und das Backblech in den Backofen schieben.

Ober-/Unterhitze:
etwa 200 °C (vorgeheizt)
Heißluft: etwa 180 °C (vorgeheizt)
Gas: Stufe 3–4 (vorgeheizt)
Backzeit: etwa 10 Min.

3 Biskuit sofort nach dem Backen vorsichtig am Rand lösen und direkt auf die Arbeitsfläche stürzen, damit sich beim Aufrollen die dunkle Backhaut löst. Backpapier nicht abziehen und das Gebäck erkalten lassen.

4 Für die Füllung Erdnusskerne fein hacken, mit Butter, Zucker, Vanillin-Zucker und 75 ml Sahne in einem kleinen Topf aufkochen und 2–3 Minuten einkochen lassen. Backpapier von der Biskuitplatte abziehen und die Biskuitplatte von der Arbeitsfläche lösen, so dass die Backhaut entfernt wird. Die Erdnussmasse auf die erkaltete Biskuitplatte streichen. Paradiescreme mit 300 ml Sahne nach Packungsanleitung aufschlagen und ebenfalls auf die Biskuitplatte streichen. Biskuitplatte von der längeren Seite aus aufrollen.

5 Zum Bestreichen Schlagsahne mit Vanillin-Zucker steif schlagen und die Biskuitrolle damit bestreichen. Zum Garnieren 2–3 Mr. Tom Mini hacken und auf die Oberfläche der Rolle streuen, die restlichen Erdnussriegel diagonal halbieren und dekorativ auf die Rolle legen.

- **Tipp:**
Statt Mr. Tom Mini können Sie auch 2–3 große Riegel verwenden und diese in Quadrate und dann in Dreiecke schneiden.

Zitronen-Johannisbeer-Schnitten

**Zubereitungszeit: 30 Min.,
ohne Auftau- und Kühlzeit
Backzeit: etwa 12 Min.
je Backblech**

**Insgesamt:
E: 24 g, F: 60 g, Kh: 242 g,
kJ: 6785, kcal: 1619**

Für den Teig:
- **225 g (¹/₂ Pck.)
TK-Blätterteig**

Zum Bestreichen:
- **100 g rotes Johannis-
beergelee**

Für die Füllung:
- **1 Pck. Paradiescreme
Zitronen-Geschmack**
- **250 ml (¹/₄ l) Buttermilch**

Zum Garnieren:
- **bunte Geleefrüchte**

1 Für den Teig Blätterteigplatten nach Packungsanleitung zugedeckt nebeneinander auftauen lassen. Anschließend die Platten auf der leicht bemehlten Arbeitsfläche zu 4 Streifen je 25 x 12 cm ausrollen. Ein Backblech mit Backpapier belegen, 2 Teigstreifen auf das Backblech legen, die Streifen mehrfach mit einer Gabel einstechen und etwa 20 Minuten kalt stellen, damit sich der Teig entspannt. Anschließend das Backblech in den Backofen schieben.

**Ober-/Unterhitze:
etwa 200 °C (vorgeheizt)
Heißluft: etwa 180 °C (vorgeheizt)
Gas: Stufe 3–4 (vorgeheizt)
Backzeit: etwa 12 Min.
je Backblech.**

2 Die Streifen auf einen Kuchenrost legen und erkalten lassen. Die 2 anderen Streifen ebenso backen und diese sofort nach dem Backen in je 4 Rechtecke (12 x 6 cm) als Deckel schneiden. Gelee glatt rühren und mit Hilfe eines Tafelmessers auf den unteren Blätterteigböden verstreichen, dabei etwas Rand frei lassen.

3 Für die Füllung Paradiescreme nach Packungsanleitung, aber mit Buttermilch aufschlagen. Die Creme in einen Spritzbeutel mit Lochtülle (Ø etwa 8 mm) füllen und dekorativ auf den Blätterteig spritzen, dabei etwas Creme zum Verzieren übrig lassen. Die „Deckel" auf die Creme legen und etwas andrücken. Die übrige Paradiescreme dekorativ darauf spritzen. Die Zitronen-Johannisbeer-Schnitten mit in Scheiben geschnittenen Geleefrüchten garnieren.

- **Tipp:**
Falls Sie mehr Schnitten zubereiten möchten, können Sie das Rezept einfach verdoppeln.

Rumkugelkuchen

**Zubereitungszeit: 60 Min.,
ohne Kühlzeit
Backzeit: etwa 60 Min.**

**Insgesamt:
E: 92 g, F: 361 g, Kh: 570 g,
kJ: 25616, kcal: 6114**

Für den Rührteig:
- **250 g Butter oder Margarine**
- **150 g Zucker**
- **1 Pck. Vanillin-Zucker**
- **1 Prise Salz**
- **4 Eier (Größe M)**
- **270 g Weizenmehl**
- **10 g Kakaopulver**
- **4 gestr. TL Backpulver**
- **50 g abgezogene, gemahlene Mandeln**
- **50 ml Rum**

Für die Füllung:
- **1 Pck. Backfeste Puddingcreme**
- **250 ml (¼ l) Milch**

Für die Rumkugeln:
- **etwa 50 ml Rum**
- **etwa 50 g Raspelschokolade**

Für den Guss:
- **200 g weiße Schokolade**
- **1 EL Speiseöl**

1 Für den Teig Butter oder Margarine mit Handrührgerät mit Rührbesen auf höchster Stufe geschmeidig rühren. Nach und nach Zucker, Vanillin-Zucker und Salz unterrühren. So lange rühren, bis eine gebundene Masse entstanden ist.

2 Eier nach und nach unterrühren (jedes Ei etwa ½ Minute). Mehl mit Kakaopulver und Backpulver mischen, sieben, mit den Mandeln mischen und portionsweise auf mittlerer Stufe abwechselnd mit dem Rum unterrühren. Den Teig in eine Kastenform (25 x 11 cm, gefettet, gemehlt) füllen, glatt streichen und die Form auf dem Rost in den Backofen schieben.

**Ober-/Unterhitze:
etwa 180 °C (vorgeheizt)
Heißluft: etwa 160 °C
(nicht vorgeheizt)
Gas: Stufe 2–3 (nicht vorgeheizt)
Backzeit: etwa 60 Min.**

3 Den Kuchen 10 Minuten in der Form auf einem Kuchenrost abkühlen lassen, dann aus der Form lösen, auf den Kuchenrost stürzen und erkalten lassen.

4 Das nach oben Aufgebrochene sowie die Seiten des erkalteten Kastenkuchens gerade schneiden und den Kastenkuchen in 3 gleich große Würfel schneiden. Jeden Würfel von unten mit einem Teelöffel etwa in „Tischtennisballgröße" aushöhlen. Die Reste zerbröseln.

5 Für die Füllung Backfeste Puddingcreme nach Packungsanleitung mit Milch zubereiten. Die ausgehöhlten Würfel bis ½ cm unter dem Rand mit etwa der Hälfte der Puddingcreme füllen und mit reichlich Kuchenbrösel wieder gut verschließen. Die Würfel umdrehen.

6 Für die Rumkugeln die restlichen Brösel mit Rum und der restlichen Puddingcreme vermengen. Daraus etwa haselnussgroße Kugeln formen und in Raspelschokolade wälzen.

7 Für den Guss Schokolade grob zerkleinern, mit Öl in einem Topf im Wasserbad bei schwacher Hitze geschmeidig rühren, etwas abkühlen lassen und die 3 Würfel damit überziehen. Bevor die Schokolade fest wird, einige Rumkugeln auf die Würfel setzen. Die restlichen Rumkugeln dekorativ darumlegen.

- **Tipp:**
Besonders saftig werden die Rumkugeln, wenn Sie statt der angegebenen Füllung 1 Becher 500 g Sahnepudding aus dem Kühlregal verwenden.
Der Kuchen kann bereits am Vortag gebacken werden.

Kirschtürmchen

**Zubereitungszeit: 40 Min.,
ohne Kühlzeit
Backzeit: etwa 60 Min.**

**Insgesamt:
E: 68 g, F: 367 g, Kh: 761 g,
kJ: 28294, kcal: 6748**

Für den All-in-Teig:
- 150 g Weizenmehl
- 125 g Speisestärke
- 4 gestr. TL Backpulver
- 200 g Zucker
- 1 Pck. Vanillin-Zucker
- 200 ml Speiseöl,
  z. B. Sonnenblumenöl
- 150 ml Maraschino-Likör
  oder Milch
- 5 Eier (Größe M)

Für die Füllung:
- 1 Glas Sauerkirschen
  (Abtropfgewicht 350 g)
- 1 Pck. Fruttina Kirsch-
  Geschmack (Frucht-
  puddingpulver)
- 100 g Zucker
- 200 ml Wasser
- 200 ml Kirschsaft
  aus dem Glas
- 400 ml Schlagsahne
- 2 Pck. Saucenpulver
  Vanille-Geschmack
  ohne Kochen
- 1 Pck. Vanillin-Zucker
- evtl. 4 EL Maraschino-Likör

1 Für den Teig Mehl mit Speisestärke und Backpulver mischen und in eine Rührschüssel sieben. Restliche Zutaten hinzufügen und alles mit Handrührgerät mit Rührbesen auf höchster Stufe in etwa 2 Minuten zu einem Teig verarbeiten.

2 Den Teig in eine Kastenform (30 x 11 cm, gefettet, gemehlt) geben, glatt streichen und die Form auf dem Rost in den Backofen schieben. Nach etwa 15 Minuten Backzeit den Kuchen mit einem scharfen Messer der Länge nach in der Mitte etwa 1,5 cm tief einschneiden.

**Ober-/Unterhitze:
etwa 180 °C (vorgeheizt)
Heißluft: etwa 160 °C
(nicht vorgeheizt)
Gas: Stufe 2–3 (nicht vorgeheizt)
Backzeit: etwa 60 Min.**

3 Den Kuchen etwa 10 Minuten in der Form abkühlen lassen, dann aus der Form lösen und auf einem Kuchenrost erkalten lassen.

4 Für die Füllung Kirschen in einem Sieb gut abtropfen lassen, Saft dabei auffangen. Fruttina mit Zucker, 200 ml Wasser und 200 ml Kirschsaft nach Packungsanleitung zubereiten. Die abgetropften Kirschen unterrühren und die Masse mindestens 1 Stunde kalt stellen, dabei gelegentlich umrühren, damit sich keine Haut bildet.

5 In der Zwischenzeit den Kuchen in 18 etwa 1,5 cm dicke Scheiben schneiden. Sahne mit Saucenpulver und Vanillin-Zucker steif schlagen. Creme in einen Spritzbeutel mit Lochtülle (Ø etwa 10 mm) füllen und mit der Hälfte der Creme auf die Hälfte der Scheiben einen Rand spritzen. Nach Belieben die erkalteten Kirschen mit Maraschino-Likör abschmecken. Mit einem Löffel die Hälfte der Kirschen auf den Scheiben in dem Cremerand verteilen, je eine Scheibe darauf legen und vorsichtig andrücken. Darauf mit der restlichen Creme wieder einen Rand spritzen und mit den restlichen Kirschen befüllen. Die Türmchen vor dem Servieren mindestens 30 Minuten kalt stellen.

- **Tipp:**
Garnieren Sie die Kirschtürmchen mit frischen Kirschen.

Nougat-Streifen-Rolle

**Zubereitungszeit: 60 Min.,
ohne Kühlzeit
Backzeit: etwa 8 Min.**

**Insgesamt:
E: 68 g, F: 193 g, Kh: 505 g,
kJ: 16905, kcal: 4033**

Zum Vorbereiten:
- **1 Pck. Pudding-Pulver Vanille-Geschmack**
- **40 g Zucker**
- **300 ml Milch**
- **50 ml Schlagsahne**
- **100 g Nuss-Nougat**

Für den Biskuitteig:
- **3 Eier (Größe M)**
- **1 Eigelb (Größe M)**
- **125 g Zucker**
- **1 Pck. Vanillin-Zucker**
- **125 g Weizenmehl**
- **1 Msp. Backpulver**
- **½ gestr. TL Kakaopulver**

Für die Füllung:
- **150 ml Schlagsahne**
- **1 Pck. Vanillin-Zucker**
- **2 Pck. Sahnesteif**
- **100 g Nuss-Nougat**

Zum Verzieren und Garnieren:
- **125 ml (⅛ l) Schlagsahne**
- **einige Schichtnougatwürfel**

1 Zum Vorbereiten Pudding-Pulver mit Zucker mischen und mit 6–7 Esslöffeln von der Milch glatt rüh-

ren. Übrige Milch mit 50 ml Sahne aufkochen lassen, Nougat in Stücke schneiden und darin zerlassen. Flüssigkeit von der Kochstelle nehmen und angerührtes Pulver mit einem Schneebesen einrühren. Pudding erneut auf die Kochstelle geben und unter Rühren mindestens 1 Minute kochen lassen, anschließend in eine Schüssel geben und Frischhaltefolie direkt auf den heißen Pudding legen, damit sich keine Haut bildet. Den Pudding erkalten lassen.

2 Für den Teig Eier und Eigelb mit Handrührgerät mit Rührbesen auf höchster Stufe in 1 Minute schaumig schlagen. Zucker und Vanillin-Zucker mischen, in 1 Minute einstreuen, dann noch etwa 2 Minuten weiterschlagen. Mehl mit Backpulver mischen, die Hälfte davon auf die Eiercreme sieben und kurz auf niedrigster Stufe unterrühren. Den Rest des Mehlgemisches auf die gleiche Weise unterarbeiten.

3 Den Teig in 2 Portionen teilen und eine Hälfte davon mit Kakao verrühren. Jede Teighälfte in einen Gefrierbeutel füllen und ihn gut verschließen. Von dem Beutel mit dem hellen Teig eine etwa 1,5 cm große Ecke abschneiden. Den Teig in gleichmäßigen diagonalen Streifen mit etwa 2 cm Abstand auf ein Backblech (30 x 40 cm, gefettet, mit Backpapier belegt) spritzen, dann in die Zwischenräume den dunklen Teig spritzen.

4 Das Backpapier an der offenen Seite des Backblechs so zu einer Falte knicken, dass ein Rand entsteht. Den Teig nicht mehr glatt streichen und das Backblech sofort in den Backofen schieben.

**Ober-/Unterhitze:
etwa 200 °C (vorgeheizt)
Heißluft: etwa 180 °C (vorgeheizt)
Gas: Stufe 3–4 (vorgeheizt)
Backzeit: etwa 8 Min.**

5 Die Biskuitplatte vom Rand des Backblechs lösen und direkt auf die Arbeitsfläche stürzen, damit sich beim Aufrollen die dunkle Backhaut löst. Backpapier nicht abziehen und das Gebäck erkalten lassen.

6 Für die Füllung Sahne mit Vanillin-Zucker und Sahnesteif steif schlagen. Kalten Pudding mit Handrührgerät mit Rührbesen cremig rühren und die steif geschlagene Sahne vorsichtig unterrühren. Das Backpapier von der Biskuitplatte abziehen, Biskuitplatte von der Arbeitsfläche lösen, so dass die Backhaut entfernt wird und die Nougat-Pudding-Creme auf die Biskuitplatte streichen.

7 Aus dem Nougat lange, schmale, gleich große Streifen schneiden und in 2 Reihen im Abstand von etwa 5 cm auf die Creme legen. Die Gebäckplatte von der langen Seite aus aufrollen und auf eine Kuchenplatte legen. Die Rolle bis zum Servieren kalt stellen.

(Fortsetzung Seite 6…)

8 Zum Verzieren und Garnieren kurz vor dem Servieren Sahne steif schlagen, in einen Spritzbeutel mit Loch-tülle oder einen Gefrierbeutel füllen, eine Ecke abschneiden und die Rolle mit der Sahne verzieren. Einige Schichtnougat-würfel diagonal halbieren und auf die Sahne legen.

After-Eight®-Gugelhupf

Zubereitungszeit: 60 Min.,
ohne Kühlzeit
Backzeit: etwa 55 Min.

Insgesamt:
E: 92 g, F: 388 g, Kh: 787 g,
kJ: 29373, kcal: 7006

Für den Rührteig:
- **300 g Butter oder Margarine**
- **275 g Zucker**
- **1 Pck. Vanillin-Zucker**
- **1 Fläschchen Rum-Aroma**
- **1 Prise Salz**
- **5 Eier (Größe M)**
- **375 g Weizenmehl**
- **4 gestr. TL Backpulver**
- **etwa 3 EL Milch**

Für die Füllung:
- **12 AFTER-EIGHT®-Täfelchen**
- **2 Pck. Paradiescreme Vanille-Geschmack (Dessertpulver)**
- **200 ml Schlagsahne**
- **100 ml Milch**

Zum Garnieren:
- **8 AFTER-EIGHT®-Täfelchen**

1 Für den Teig Butter oder Margarine mit Handrührgerät mit Rührbesen auf höchster Stufe geschmeidig rühren. Nach und nach Zucker, Vanillin-Zucker, Aroma und Salz unterrühren. So lange rühren, bis eine gebundene Masse entstanden ist.

2 Eier nach und nach unterrühren (jedes Ei etwa 1/2 Minute). Mehl mit Backpulver mischen, sieben und portionsweise abwechselnd mit der Milch auf mittlerer Stufe unterrühren. Den Teig in eine Napfkuchen- oder Gugelhupfform (Ø 22 cm, gefettet, gemehlt) füllen, glatt streichen und die Form auf dem Rost in den Backofen schieben.

Ober-/Unterhitze:
etwa 180 °C (vorgeheizt)
Heißluft: etwa 160 °C
(nicht vorgeheizt)
Gas: Stufe 2–3 (nicht vorgeheizt)
Backzeit: etwa 55 Min.

3 Den Kuchen 10 Minuten in der Form auf einem Kuchenrost abkühlen lassen, dann aus der Form lösen, auf einen mit Backpapier belegten Kuchenrost stürzen und erkalten lassen.

4 Für die Füllung 12 AFTER-EIGHT®-Täfelchen klein schneiden. Paradiescreme in einer Rührschüssel nach Packungsanleitung, aber mit 200 ml Schlagsahne und 100 ml Milch aufschlagen. Zum Schluss die AFTER-EIGHT®-Stückchen unterrühren.

5 Den Gugelhupf dreimal waagerecht durchschneiden. Die 3 unteren Böden mit insgesamt gut der Hälfte der Füllung bestreichen und alle Böden wieder zu einem Kranz zusammensetzen. Übrige Füllung in einen Gefrierbeutel füllen, eine Ecke abschneiden und den Gugelhupf von oben nach unten (pro Stück) verzieren.

6 Zum Garnieren die AFTER-EIGHT®-Täfelchen diagonal halbieren und dekorativ auf den Gugelhupf setzen. Den Gugelhupf bis zum Servieren kalt stellen.

- **Tipp:**
Falls sich das Gebäck nach dem Backen nicht leicht aus der Form lösen sollte, die Backform kurz auf der Arbeitsfläche aufschlagen.

® Société des Produits Nestlé S.A.

Obstgarten

**Zubereitungszeit: 50 Min.,
ohne Kühlzeit
Backzeit: etwa 20 Min.**

**Insgesamt:
E: 91 g, F: 314 g, Kh: 624 g,
kJ: 24000, kcal: 5740**

Für den Rührteig:
- **200 g Butter oder Margarine**
- **200 g Zucker**
- **1 Pck. Vanillin-Zucker**
- **4 Eier (Größe M)**
- **200 g Weizenmehl**
- **2 gestr. TL Backpulver**

Für den Belag:
- **3 Blatt weiße Gelatine**
- **1 Pck. Pudding-Pulver Vanille-Geschmack**
- **50 g Zucker**
- **500 ml (½ l) Milch**
- **250 g Crème fraîche**
- **750 g – 1 kg Obst (gemischtes Beerenobst oder Pfirsiche, Kiwis, Bananen und dunkle Trauben)**

Für den Guss:
- **2 Pck. Tortenguss, klar**
- **500 ml (½ l) Apfelsaft**

1 Für den Teig Butter oder Margarine mit Handrührgerät mit Rührbesen auf höchster Stufe geschmeidig rühren. Nach und nach Zucker und Vanillin-Zucker dazugeben. So lange rühren, bis eine gebundene Masse entstanden ist.

2 Eier nach und nach unterrühren (jedes Ei etwa ½ Minute). Mehl mit Backpulver mischen, sieben und portionsweise auf mittlerer Stufe unterrühren. Einen Backrahmen (30 x 40 cm) auf ein Backblech (gefettet, mit Backpapier belegt) stellen und den Teig darin verstreichen. Das Backblech in den Backofen schieben.

**Ober-/Unterhitze:
etwa 180 °C (vorgeheizt)
Heißluft: etwa 160 °C (vorgeheizt)
Gas: Stufe 2–3 (vorgeheizt)
Backzeit: etwa 20 Min.**

3 Das Backblech auf einen Kuchenrost stellen und den Boden mit dem Backrahmen darauf erkalten lassen.

4 Für den Belag Gelatine nach Packungsanleitung einweichen. Aus Pudding-Pulver, Zucker und Milch nach Packungsanleitung einen Pudding zubereiten. Gelatine leicht ausdrücken und im heißen Pudding unter Rühren auflösen. Crème fraîche unterrühren, den Pudding auf dem Boden verstreichen und erkalten lassen.

5 Obst entsprechend in Stücke, Scheiben oder Spalten schneiden und gleichmäßig auf dem Pudding verteilen. Den Guss aus Tortengusspulver und Flüssigkeit nach Packungsanleitung, aber ohne Zucker zubereiten und auf dem Obst verteilen. Den Guss fest werden lassen und vor dem Servieren den Backrahmen vorsichtig lösen und entfernen.

Nippon-Saft-Schnitten

**Zubereitungszeit: 50 Min.,
ohne Kühlzeit**
Backzeit: etwa 15 Min.

Insgesamt:
**E: 60 g, F: 247 g, Kh: 599 g,
kJ: 20476, kcal: 4885**

Für den Knetteig:
- **175 g Weizenmehl**
- **½ gestr. TL Backpulver**
- **80 g Zucker**
- **1 Pck. Vanillin-Zucker**
- **80 g Butter oder Margarine**
- **2 EL Wasser**

Für die Füllung:
- **8 Blatt weiße Gelatine**
- **2 Pck. Pudding-Pulver Sahne-Geschmack**
- **80 g Zucker**
- **600 ml Orangensaft**
- **250 ml (¼ l) Möhrensaft**
- **1 Pck. Finesse Orangenfrucht**
- **400 ml Schlagsahne**
- **2 Pck. Vanillin-Zucker**

Zum Bestreichen:
- **4 EL Orangenmarmelade**

Zum Garnieren:
- **13 Nippon (Schoko-Reis-Quadrate)**
- **1 Orange**

1 Für den Teig Mehl mit Backpulver mischen und in eine Rührschüssel sieben. Restliche Zutaten hinzufügen und mit Handrührgerät mit Knethaken zunächst kurz auf niedrigster, dann auf höchster Stufe gut durcharbeiten. Anschließend auf einer bemehlten Arbeitsfläche zu einem glatten Teig verkneten.

2 Teig auf einem Backblech (gefettet, mit Backpapier belegt) zu einem quadratischen Boden (25 x 25 cm) ausrollen und den Backrahmen genau abschließend darumstellen. Den Boden mit einer Gabel mehrfach einstechen und das Backblech in den Backofen schieben.

**Ober-/Unterhitze:
etwa 200 °C (vorgeheizt)
Heißluft: etwa 180 °C (vorgeheizt)
Gas: Stufe 3–4 (vorgeheizt)
Backzeit: etwa 15 Min.**

3 Den Boden mit dem Backrahmen auf dem Backblech auf einen Kuchenrost stellen und erkalten lassen.

4 Für die Füllung Gelatine nach Packungsanleitung einweichen. Pudding-Pulver mit Zucker mischen und mit etwa 6 Esslöffeln von dem Orangensaft glatt rühren. Übrigen Orangensaft aufkochen, von der Kochstelle nehmen und angerührtes Pulver mit einem Schneebesen einrühren. Pudding erneut auf die Kochstelle geben und unter Rühren mindestens 1 Minute kochen lassen. Gelatine ausdrücken und im heißen Pudding auflösen. Möhrensaft und Orangenfrucht unterrühren und den Pudding erkalten lassen, dabei gelegentlich umrühren.

5 Sahne mit Vanillin-Zucker steif schlagen. Erkalteten Pudding mit Handrührgerät mit Rührbesen cremig rühren und die steif geschlagene Sahne kurz unterrühren. Orangenmarmelade in einem Topf 1–2 Minuten einkochen lassen, sofort auf den Boden streichen und erkalten lassen. Die Füllung in den Backrahmen geben, glatt streichen und die Schoko-Reis-Quadrate schachbrettartig auf dem Pudding verteilen. Den Kuchen mindestens 2 Stunden kalt stellen.

6 Vor dem Servieren den Backrahmen vorsichtig lösen und entfernen. Den Kuchen in rechteckige Schnitten teilen. Die Orange mit einem Messer so schälen, dass die weiße Haut mitentfernt wird und in Scheiben schneiden. Scheiben vierteln und dekorativ auf die Schnitten legen.

- **Tipp:**
Wenn der Knetteig klebt, wickeln Sie ihn in Frischhaltefolie und stellen Sie ihn 20–30 Minuten kalt.

Herzerlkuchen

**Zubereitungszeit: 60 Min.,
ohne Kühlzeit
Backzeit: etwa 12 Min.**

**Insgesamt:
E: 77 g, F: 244 g, Kh: 560 g,
kJ: 20277, kcal: 4839**

Für den Biskuitteig:
- **5 Eier (Größe M)**
- **150 g Zucker**
- **1 Pck. Vanillin-Zucker**
- **140 g Weizenmehl**
- **1 EL Kakaopulver**

Für den Belag:
- **1 Glas Sauerkirschen (Abtropfgewicht 350 g)**
- **400 ml Kirschsaft aus dem Glas/Wasser**
- **1 EL Zucker**
- **1 Pck. Pudding-Pulver Vanille-Geschmack**

Für die Füllung:
- **50 g Zartbitterschokolade**
- **½ TL Speiseöl**
- **500 ml (½ l) Schlagsahne**
- **3 EL Puderzucker**
- **2 Pck. Sahnesteif**

Zum Bestreuen und Bestäuben:
- **100 g geriebene Zartbitterschokolade**
- **2 TL Puderzucker**

1 Für den Teig Eier mit Handrührgerät mit Rührbesen auf höchster Stufe in 1 Minute schaumig schlagen. Zucker und Vanillin-Zucker mischen, in 1 Minute einstreuen, dann noch etwa 2 Minuten weiterschlagen.

2 Mehl mit Kakaopulver mischen, die Hälfte davon auf die Eiercreme sieben und kurz auf niedrigster Stufe unterrühren. Den Rest des Mehlgemisches auf die gleiche Weise unterarbeiten. Den Teig auf ein Backblech (30 x 40 cm, gefettet, mit Backpapier belegt) streichen, dabei das Backpapier an der offenen Seite des Backblechs so zu einer Falte knicken, dass ein Rand entsteht. Das Backblech in den Backofen schieben.

**Ober-/Unterhitze:
etwa 200 °C (vorgeheizt)
Heißluft: etwa 180 °C (vorgeheizt)
Gas: Stufe 3–4 (vorgeheizt)
Backzeit: etwa 12 Min.**

3 Die Biskuitplatte auf ein mit Zucker bestreutes Backpapier stürzen und erkalten lassen. Anschließend mitgebackenes Backpapier vorsichtig abziehen. Den Biskuit anschließend so halbieren, dass 2 Rechtecke (30 x 20 cm) entstehen. Für das Oberteil aus einer Biskuitplatte mehrere beliebig große Herzen ausstechen. Die Herzen beiseite legen, die Biskuitplatte vom Backpapier abziehen und mit der dunklen Backhaut nach unten auf eine mit Frischhaltefolie belegte Platte legen.

4 Für den Belag Kirschen in einem Sieb abtropfen lassen, Saft dabei auffangen und mit Wasser auf 400 ml ergänzen. Aus dem Saft mit Zucker und Pudding-Pulver nach Packungsanleitung, aber mit den hier angegebenen Zutaten einen Pudding zubereiten und die Kirschen unterheben. Kirschbelag auf die ausgestochene Platte streichen und die Platte etwa 30 Minuten kalt stellen.

5 Für die Füllung Schokolade in Stücke brechen, mit dem Öl in einem Topf im Wasserbad bei schwacher Hitze geschmeidig rühren, etwas abkühlen lassen. Sahne mit Puderzucker und Sahnesteif steif schlagen. Sahne halbieren. 3 Esslöffel von einer Sahnehälfte abnehmen, mit der Schokolade verrühren, wieder mit der Sahnehälfte verrühren und in einen Spritzbeutel mit Lochtülle (Ø etwa 14 mm) füllen. Mit der Schokosahne mit 1 cm Abstand dicke Streifen auf den erkalteten Kirschbelag spritzen. Die helle Sahnehälfte ebenfalls in einen Spritzbeutel mit großer Lochtülle füllen und in die Zwischenräume spritzen.

6 Die zweite Biskuitplatte mit der dunklen Backhaut nach oben auflegen und den Kuchen mit Hilfe einer Kuchenplatte umdrehen. Frischhaltefolie vorsichtig abziehen und die ausgestochenen Herzen auf die Kirschherzen legen. Die Torte mit Schokolade bestreuen und mit Puderzucker bestäuben. Dann die Herzen wieder herunternehmen und versetzt auf den Kuchen legen.

Mohnwellen

Zubereitungszeit: 60 Min.,
ohne Kühlzeit
Backzeit: etwa 25 Min.

Insgesamt:
E: 155 g, F: 789 g, Kh: 777 g,
kJ: 45561, kcal: 10901

Für den All-in-Teig:
- **250 g Weizenmehl**
- **1 Pck. Backpulver**
- **250 g Zucker**
- **4 Eier (Größe M)**
- **250 g weiche Butter oder Margarine**
- **250 g saure Sahne**
- **250 g frisch gemahlener Mohn**

Zum Beträufeln:
- **3 EL Rum oder Weinbrand**

Für den Belag:
- **1 Pck. Pudding-Pulver Vanille-Geschmack**
- **100 g Zucker**
- **500 ml (½ l) Milch**
- **250 g weiche Butter**
- **1 Becher (150 g) Crème fraîche**

Für den Guss:
- **150 g Vollmilch-Kuvertüre**
- **150 g Halbbitter-Kuvertüre**
- **2 EL Speiseöl**

1 Für den Teig Mehl mit Backpulver mischen und in eine Rührschüssel sieben. Zucker, Eier, Butter oder Margarine, saure Sahne und Mohn hinzufügen. Die Zutaten in 2 Minuten mit Handrührgerät mit Rührbesen auf höchster Stufe zu einem Teig verarbeiten.

2 Den Teig auf ein Backblech (30 x 40 cm, gefettet, gemehlt) geben und glatt streichen. Das Backblech in den Backofen schieben.

Ober-/Unterhitze:
etwa 180 °C (vorgeheizt)
Heißluft: etwa 160 °C (vorgeheizt)
Gas: Stufe 2–3 (vorgeheizt)
Backzeit: etwa 25 Min.

3 Das Backblech auf einen Kuchenrost stellen und den Kuchen sofort mit Rum oder Weinbrand beträufeln. Den Kuchen auf dem Backblech erkalten lassen. Nach Belieben einen Backrahmen darumstellen.

4 Für den Belag aus Pudding-Pulver, Zucker und Milch nach Packungsanleitung einen Pudding zubereiten. Pudding direkt mit Frischhaltefolie bedecken und erkalten lassen.

5 Butter mit Handrührgerät mit Rührbesen auf höchster Stufe geschmeidig rühren. Den Pudding esslöffelweise darunter geben (dabei darauf achten, dass Butter und Pudding Zimmertemperatur haben, da die Creme sonst gerinnt). Zuletzt Crème fraîche unterrühren. Die Buttercreme auf dem Kuchen glatt verstreichen und den Kuchen etwa 30 Minuten kalt stellen.

6 Für den Guss Kuvertüre in kleine Stücke hacken, getrennt mit jeweils 1 Esslöffel Öl in einem kleinen Topf im Wasserbad bei schwacher Hitze geschmeidig rühren. Die beiden Kuvertüresorten abwechselnd auf die Creme geben und mit einem Tortenheber so verteilen, dass ein Marmormuster entsteht. Den Kuchen wieder kalt stellen, bis der Guss fest geworden ist. Anschließend den Backrahmen entfernen und den Kuchen in Rechtecke schneiden.

- **Tipp:**
Backen Sie den Kuchen in einer Fettfangschale.
Wenn Sie den Kuchen ohne Alkohol zubereiten wollen, lassen Sie den Rum oder Weinbrand zum Beträufeln einfach weg.
Geronnene Buttercreme wird wieder glatt, wenn Sie etwa 25 g flüssiges, heißes Kokosfett unterrühren.

Schneller Beeren-Pudding-Kuchen

Zubereitungszeit: 40 Min.,
ohne Teiggehzeit
Backzeit: etwa 20 Min.

Insgesamt:
E: 134 g, F: 178 g, Kh: 600 g,
kJ: 19143, kcal: 4567

Für den Hefeteig:
- **180 ml Milch**
- **50 g Butter oder Margarine**
- **375 g Weizenmehl**
- **1 Pck. Trockenhefe**
- **50 g Zucker**
- **1 Pck. Vanillin-Zucker**
- **1 Prise Salz**
- **1 Ei (Größe M)**

Für den Belag:
- **2 Pck. Gala Pudding-Pulver Bourbon-Vanille**
- **100 g Zucker**
- **750 ml ($^3/_4$ l) Milch**
- **250 g Speisequark (40 % Fett)**
- **1 Pck. Finesse Geriebene Zitronenschale**
- **500 g Beerenfrüchte, z. B. Himbeeren, Johannisbeeren, Brombeeren**
- **100 g abgezogene, gehobelte Mandeln**
- **2 EL Zucker**

1 Für den Teig Milch in einem Topf leicht erwärmen und Butter oder Margarine darin zerlassen. Mehl in eine Rührschüssel sieben, mit Hefe sorgfältig vermischen. Übrige Zutaten und die warme Milch-Fett-Mischung hinzufügen und alles mit Handrührgerät mit Knethaken zunächst kurz auf niedrigster, dann auf höchster Stufe in etwa 5 Minuten zu einem glatten Teig verarbeiten. Teig zugedeckt an einem warmen Ort so lange gehen lassen, bis er sich sichtbar vergrößert hat.

2 Teig leicht mit Mehl bestäuben und auf der Arbeitsfläche nochmals kurz durchkneten. Eine Fettfangschale (30 x 40 cm) fetten, den Teig darin ausrollen und mehrmals mit einer Gabel einstechen.

3 Für den Belag Pudding nach Packungsanleitung, aber mit nur 100 g Zucker und 750 ml ($^3/_4$ l) Milch zubereiten. Anschließend Quark und Zitronenschale unterrühren und den Quarkpudding gleichmäßig auf dem Teig verstreichen. Beerenfrüchte verlesen evtl. waschen, abtropfen lassen und mit Mandeln und Zucker auf dem Quarkpudding verteilen (einige Beeren zum Garnieren zurücklassen). Den Teig nochmals so lange gehen lassen, bis er sich sichtbar vergrößert hat und die Fettfangschale in den Backofen schieben.

Ober-/Unterhitze:
etwa 200 °C (vorgeheizt)
Heißluft: etwa 180 °C (vorgeheizt)
Gas: Stufe 3–4 (vorgeheizt)
Backzeit: etwa 20 Min.

4 Den Kuchen mit der Fettfangschale auf einen Kuchenrost stellen und erkalten lassen. Die zurückgelassenen Beeren auf den Kuchen streuen und den Kuchen servieren.

Tipp:
Der Kuchen schmeckt frisch besonders gut.
Sie können auch TK-Früchte verwenden. Lassen Sie diese auf Küchenpapier auftauen.
Nach Wunsch können Sie einen Zitronenguss aus 100 g gesiebtem Puderzucker und 2–3 Esslöffeln Zitronensaft anrühren. Guss in einen Gefrierbeutel füllen, eine kleine Ecke abschneiden und über den Kuchen sprenkeln (Foto).

Picasso-Kuchen

**Zubereitungszeit: 70 Min.,
ohne Kühlzeit**
Backzeit: etwa 40 Min.

Insgesamt:
**E: 120 g, F: 423 g, Kh: 1006 g,
kJ: 34714, kcal: 8286**

Für den Knetteig:
- **100 g gemahlene Haselnusskerne**
- **150 g Weizenmehl**
- **50 g Speisestärke**
- **1 gestr. TL Backpulver**
- **75 g Zucker**
- **150 g Butter oder Margarine**
- **1–2 EL Wasser**

Für den Biskuitteig:
- **4 Eier (Größe M)**
- **2 EL heißes Wasser**
- **125 g Zucker**
- **125 g Weizenmehl**
- **25 g Speisestärke**
- **1 gestr. TL Backpulver**

Für die Nuss-Streusel:
- **100 g gemahlene Haselnusskerne**
- **200 g Weizenmehl**
- **150 g Zucker**
- **150 g weiche Butter**

Für den Belag:
- **1 Pck. Pudding-Pulver Vanille-Geschmack**
- **50 g Zucker, 400 ml Milch**
- **1 Glas Apfelmus (720 g)**

1 Für den Knetteig Nusskerne in einer Pfanne ohne Fett leicht bräunen und auf einem Teller erkalten lassen. Mehl mit Speisestärke und Backpulver mischen und in eine Schüssel sieben. Die Nusskerne und die restlichen Zutaten hinzufügen und mit Handrührgerät mit Knethaken zunächst kurz auf niedrigster, dann auf höchster Stufe gut durcharbeiten. Teig evtl. kalt stellen. Anschließend auf der Arbeitsfläche kurz zu einem glatten Teig verkneten. Den Teig auf einem Backblech (30 x 40 cm, gut gefettet) ausrollen. Einen Backrahmen um den Teig stellen, das Backblech in den Backofen schieben und den Boden vorbacken.

Ober-/Unterhitze:
etwa 180 °C (vorgeheizt)
Heißluft: etwa 160 °C (vorgeheizt)
Gas: Stufe 2–3 (vorgeheizt)
Backzeit: etwa 10 Min.

2 Das Backblech nach dem Backen auf einen Kuchenrost stellen und den Boden darauf leicht abkühlen lassen.

3 Für den Biskuitteig Eier und Wasser mit Handrührgerät mit Rührbesen auf höchster Stufe in 1 Minute schaumig schlagen. Den Zucker in 1 Minute einstreuen, dann noch weitere 2 Minuten schlagen. Mehl mit Speisestärke und Backpulver mischen, die Hälfte davon auf die Eiercreme sieben und kurz auf niedrigster Stufe unterrühren. Restliches Mehlgemisch ebenso unterarbeiten.

4 Den Biskuitteig auf dem vorgebackenen Boden im Backrahmen verteilen, glatt streichen, das Backblech nochmals in den Backofen schieben und den Boden **bei gleicher Backofeneinstellung etwa 10 Minuten backen.**

5 Das Backblech nach dem Backen auf einen Kuchenrost stellen und den Boden darauf leicht abkühlen lassen.

6 Für die Nuss-Streusel Haselnusskerne in einer Pfanne ohne Fett leicht bräunen und auf einem Teller abkühlen lassen. Die Nusskerne und alle anderen Zutaten mit Handrührgerät mit Rührbesen zu Streuseln verarbeiten.

7 Für den Belag aus Pudding-Pulver, Zucker und Milch nach Packungsanleitung, aber mit den hier angegebenen Zutaten einen Pudding zubereiten. Abwechselnd Apfelmus- und Puddingklecke auf dem Biskuit verteilen und die Streusel darauf streuen. Das Backblech nochmals (im oberen Drittel) in den Backofen schieben und den Kuchen **bei gleicher Backofeneinstellung in etwa 20 Minuten fertig backen.**

8 Kuchen auf einen Kuchenrost stellen, Backrahmen entfernen, Kuchen vom Blech lösen und erkalten lassen.

■ Tipp:
Sie können den Kuchen statt mit Backrahmen auch in einer Fettfangschale zubereiten.

Beschwipste Donauwellen

**Zubereitungszeit: 50 Min.,
ohne Kühlzeit
Backzeit: etwa 40 Min.**

**Insgesamt:
E: 115 g, F: 611 g, Kh: 997 g,
kJ: 43500, kcal: 10384**

Für den Rührteig:
- **2 Gläser Sauerkirschen (Abtropfgewicht je 350 g)**
- **250 g Butter oder Margarine**
- **200 g Zucker**
- **1 Pck. Vanillin-Zucker**
- **1 Prise Salz**
- **5 Eier (Größe M)**
- **320 g Weizenmehl**
- **3 gestr. TL Backpulver**
- **5 EL Kirschwasser**
- **20 g Kakaopulver**

Für die Buttercreme:
- **1 Pck. Gala Pudding-Pulver Schokolade**
- **100 g Zucker, 400 ml Milch**
- **250 g weiche Butter**
- **2 EL Kirschwasser**

Für Guss und Garnierung:
- **200 g weiße Schokolade**
- **2 EL Speiseöl**
- **etwa 250 g Kirsch-Alkohol-Pralinen**

1 Für den Teig Kirschen in einem Sieb gut abtropfen lassen. Butter oder Margarine mit Handrührgerät mit Rührbesen auf höchster Stufe geschmei-dig rühren. Nach und nach Zucker, Va-nillin-Zucker und Salz unterrühren. So lange rühren, bis eine gebundene Masse entstanden ist.

2 Eier nach und nach unterrühren (jedes Ei etwa 1/2 Minute). Mehl mit Backpulver mischen, sieben und por-tionsweise abwechselnd mit 2 Esslöffeln von dem Kirschwasser kurz auf mittlerer Stufe unterrühren.

3 Knapp ein Drittel des Teiges in eine zweite Schüssel geben. Kakao sieben und mit den restlichen 3 Esslöffeln Kirschwasser unter die größere Teigmenge rühren. Einen Backrahmen (30 x 30 cm) auf ein gefettetes Backblech stellen und den dunklen Teig darin verstreichen.

4 Den hellen Teig gleichmäßig auf dem dunklen Teig verteilen und glatt streichen. Die Kirschen kurz auf Küchenpapier legen und abtropfen las-sen, anschließend auf dem hellen Teig verteilen und mit einem Löffel etwas in den Teig drücken. Das Backblech in den Backofen schieben.

**Ober-/Unterhitze:
etwa 180 °C (vorgeheizt)
Heißluft: etwa 160 °C
(nicht vorgeheizt)
Gas: Stufe 2–3 (nicht vorgeheizt)
Backzeit: etwa 40 Min.**

5 Das Gebäck im Backrahmen auf dem Backblech auf einen Kuchen-rost stellen und erkalten lassen.

6 Für die Buttercreme aus Pudding-Pulver, Zucker und Milch nach Packungsanleitung, aber mit nur 400 ml Milch einen Pudding zubereiten. Frisch-haltefolie direkt auf den Pudding legen, damit sich keine Haut bildet und den Pudding bei Zimmertemperatur erkalten lassen.

7 Anschließend Butter mit Hand-rührgerät mit Rührbesen ge-schmeidig rühren und den Pudding esslöffelweise unterrühren, dabei darauf achten, dass Butter und Pudding Zim-mertemperatur haben, da die Buttercre-me sonst gerinnt. Zuletzt Kirschwasser unterrühren. Die Gebäckplatte gleich-mäßig mit der Buttercreme bestreichen und etwa 1 Stunde kalt stellen.

8 Für den Guss Schokolade grob zer-kleinern und mit Öl in einem Topf im Wasserbad bei schwacher Hitze ge-schmeidig rühren. Den Guss auf die fest gewordene Buttercreme streichen und mit Hilfe eines Tortenkamms verzieren. Sofort die Kirsch-Alkohol-Pralinen auf die noch nicht fest gewordene Schokola-de setzen. Den Kuchen nochmals min-destens 1 Stunde kalt stellen.

9 Vor dem Servieren den Back-rahmen lösen und entfernen.

Wackelschnitten

Zubereitungszeit: 50 Min.,
ohne Kühlzeit
Backzeit: etwa 30 Min.

Insgesamt:
E: 101 g, F: 307 g, Kh: 759 g,
kJ: 26197, kcal: 6251

Für den Rührteig:
- **1 Dose Ananasstücke oder -scheiben (Abtropfgewicht 340 g)**
- **250 g Butter oder Margarine**
- **250 g Zucker**
- **1 Pck. Vanillin-Zucker**
- **4 Eier (Größe M)**
- **250 g Weizenmehl**
- **3 gestr. TL Backpulver**

Für den Belag:
- **8 Blatt weiße Gelatine**
- **200 ml Schlagsahne**
- **500 g Kefir**
- **100 g Zucker**
- **100 ml Ananassaft aus der Dose**

Zum Garnieren:
- **2–3 Becher (je 125 g) Götterspeise Himbeer-Geschmack (aus dem Kühlregal)**
- **2–3 Becher (je 125 g) Götterspeise Waldmeister-Geschmack (aus dem Kühlregal)**

1 Für den Teig Ananasstücke oder -scheiben in einem Sieb gut abtropfen lassen, Saft dabei auffangen. Ananasscheiben klein schneiden. Butter oder Margarine mit Handrührgerät mit Rührbesen auf höchster Stufe geschmeidig rühren. Nach und nach Zucker und Vanillin-Zucker unterrühren. So lange rühren, bis eine gebundene Masse entstanden ist.

2 Eier nach und nach unterrühren (jedes Ei etwa 1/2 Minute). Mehl mit Backpulver mischen, sieben und portionsweise auf mittlerer Stufe unterrühren. Einen Backrahmen (30 x 40 cm) auf ein gefettetes Backblech stellen und den Teig gleichmäßig darin verstreichen. Abgetropfte Ananasstücke auf dem Teig verteilen, leicht andrücken und das Backblech in den Backofen schieben.

Ober-/Unterhitze:
etwa 180 °C (vorgeheizt)
Heißluft: etwa 160 °C (vorgeheizt)
Gas: Stufe 2–3 (vorgeheizt)
Backzeit: etwa 30 Min.

3 Den Boden mit dem Backrahmen auf dem Backblech auf einen Kuchenrost stellen und erkalten lassen.

4 Für den Belag Gelatine nach Packungsanleitung einweichen. Sahne steif schlagen. Kefir mit Zucker in eine Rührschüssel geben und verrühren. Gelatine leicht ausdrücken und mit dem Ananassaft in einem kleinen Topf bei schwacher Hitze unter Rühren auflösen (nicht kochen). Gelatine-Ananas-Flüssigkeit unter den Kefir rühren und Sahne in 2 Portionen mit Hilfe eines Schneebesens unterrühren. Die Creme auf den erkalteten Boden geben, gleichmäßig verteilen und mindestens 2 Stunden kalt stellen.

5 Zum Garnieren vor dem Servieren Götterspeise mit Hilfe eines Tafelmessers aus den Bechern lösen, stürzen und vorsichtig in Scheiben schneiden. Die meisten Scheiben halbieren und als „Schmetterlingsflügel" dekorativ auf dem Kuchen verteilen. Von einer Scheibe Götterspeise schmale Streifen für die „Fühler" schneiden und anlegen. Restliche Scheiben Götterspeise in kleine Würfel schneiden und auf die Kuchenoberfläche streuen. Den Backrahmen mit Hilfe eines Tafelmessers lösen und entfernen.

- **Tipp:**
Sie können die Götterspeise aus den Bechern auch nur in kleine Würfel schneiden und dekorativ auf dem Kuchen verteilen.

Zwiebackstreuselkuchen

**Zubereitungszeit: 35 Min.,
ohne Teiggehzeit
Backzeit: etwa 25 Min.**

**Insgesamt:
E: 95 g, F: 250 g, Kh: 578 g,
kJ: 20782, kcal: 4942**

Für den Hefeteig:
- **1 Pck. (357 g) Grundmischung Hefeteig**
- **50 g weiche Butter oder Margarine**
- **150 ml warme Milch**
- **1 Ei (Größe M)**

Zum Bestreichen:
- **Milch**

Für die Zwiebackstreusel:
- **100 g Zwieback**
- **75 g Weizenmehl**
- **100 g Zucker**
- **1/2 TL gemahlener Zimt**
- **100 g abgezogene, gemahlene Mandeln**
- **150 g Butter oder Margarine**

Für den Belag:
- **1 Pck. Backfeste Puddingcreme**
- **250 ml (1/4 l) Milch**

Zum Bestreichen:
- **2–3 EL Aprikosenkonfitüre oder Apfelgelee**

1 Für den Teig die Grundmischung mit Butter oder Margarine, Milch und Ei nach Packungsanleitung zubereiten. Den Teig zugedeckt an einem warmen Ort etwa 30 Minuten gehen lassen, bis er sich sichtbar vergrößert hat.

2 Den Teig leicht mit Mehl bestäuben, mit Hilfe einer Teigkarte aus der Schüssel nehmen, auf einer leicht bemehlten Arbeitsfläche gut durchkneten, auf einem Backblech (30 x 40 cm, gefettet) ausrollen und mit Milch bestreichen. Vor den Teig einen mehrfach geknickten Streifen Alufolie legen.

3 Für die Streusel Zwieback in einen Gefrierbeutel geben, ihn verschließen und den Zwieback mit einer Teigrolle fein zerdrücken. Mehl in eine Rührschüssel sieben. Zucker, Zimt, Zwieback, Mandeln und Butter oder Margarine hinzufügen. Die Zutaten mit Handrührgerät mit Rührbesen zu Streuseln von gewünschter Größe verarbeiten. Die Streusel auf dem Teigboden verteilen.

4 Für den Belag Puddingcreme mit Milch nach Packungsanleitung zubereiten. Mit einem Esslöffel kleine Vertiefungen in den Teig drücken. Die Puddingcreme mit Hilfe eines Teelöffels in etwa walnussgroßen Häufchen hineingeben.

5 Den Teig zugedeckt nochmals so lange an einem warmen Ort gehen lassen, bis er sich sichtbar vergrößert hat. Das Backblech in den Backofen schieben.

**Ober-/Unterhitze:
etwa 200 °C (vorgeheizt)
Heißluft: etwa 180 °C (vorgeheizt)
Gas: Stufe 3–4 (vorgeheizt)
Backzeit: etwa 25 Min.**

6 Das Backblech auf einen Kuchenrost stellen. Zum Bestreichen Aprikosenkonfitüre oder Apfelgelee gut verrühren und die Puddinghäufchen sofort damit bestreichen. Den Kuchen erkalten lassen und in beliebig große Stücke schneiden.

Eierlikördreiecke

etwa 28 Stück
Zubereitungszeit: 50 Min.,
ohne Kühlzeit
Backzeit: etwa 30 Min.

Insgesamt:
E: 90 g, F: 318 g, Kh: 518 g,
kJ: 23622, kcal: 5638

Für den Rührteig:
- **250 g Himbeeren**
- **150 g Butter oder Margarine**
- **150 g Zucker**
- **1 Pck. Vanillin-Zucker**
- **1 Prise Salz**
- **3 Eier (Größe M)**
- **125 g Weizenmehl**
- **25 g Speisestärke**
- **1 gestr. TL Backpulver**

Für die Eierlikörcreme:
- **6 Blatt weiße Gelatine**
- **1 Pck. Gala Pudding-Pulver Bourbon-Vanille**
- **350 ml Milch**
- **50 g Zucker**
- **250 ml (1/4 l) Eierlikör**
- **200 ml Schlagsahne**
- **1 Pck. Vanillin-Zucker**

Zum Verzieren und Garnieren:
- **200 ml Schlagsahne**
- **1 Pck. Sahnesteif**
- **1 Pck. Vanillin-Zucker**
- **3 Blatt weiße Gelatine**
- **100 ml Eierlikör**
- **einige Himbeeren**

1 Für den Teig Himbeeren verlesen. Butter oder Margarine mit Handrührgerät mit Rührbesen auf höchster Stufe geschmeidig rühren. Nach und nach Zucker, Vanillin-Zucker und Salz unterrühren. So lange rühren, bis eine gebundene Masse entstanden ist.

2 Eier nach und nach unterrühren (jedes Ei etwa 1/2 Minute). Mehl mit Speisestärke und Backpulver mischen, sieben und portionsweise auf mittlerer Stufe unterrühren. Einen Backrahmen (25 x 25 cm) auf ein gefettetes Backblech stellen, Teig darin glatt streichen, Himbeeren gleichmäßig darauf verteilen und das Backblech in den Backofen schieben.

Ober-/Unterhitze:
etwa 180 °C (vorgeheizt)
Heißluft: etwa 160 °C (vorgeheizt)
Gas: Stufe 2–3 (vorgeheizt)
Backzeit: etwa 30 Min.

3 Den Kuchen mit dem Backrahmen auf dem Backblech auf einen Kuchenrost stellen und erkalten lassen.

4 Für die Eierlikörcreme Gelatine nach Packungsanleitung einweichen. Pudding nach Packungsanleitung, aber mit nur 350 ml Milch und 50 g Zucker zubereiten. Gelatine leicht ausdrücken und unter Rühren im heißen Pudding auflösen. Eierlikör unterrühren und den Pudding erkalten lassen, dabei gelegentlich umrühren.

5 Sahne mit Vanillin-Zucker steif schlagen. Kalten Pudding mit Handrührgerät mit Rührbesen cremig rühren und die steif geschlagene Sahne kurz unterrühren. Eierlikörcreme auf dem Boden glatt streichen und den Kuchen mindestens 2 Stunden kalt stellen.

6 Vor dem Servieren Backrahmen lösen und entfernen. Kuchen in 4 Längsstreifen schneiden und die Streifen in jeweils etwa 7 Dreiecke schneiden. Zum Verzieren Sahne mit Sahnesteif und Vanillin-Zucker steif schlagen, in einen Spritzbeutel mit Lochtülle (Ø etwa 8 mm) füllen und einen Sahnerand (z. B. als Tupfen) auf jedes Dreieck spritzen.

7 Gelatine nach Packungsanleitung einweichen. Eierlikör erwärmen, Gelatine leicht ausdrücken, unter Rühren darin auflösen und die Flüssigkeit abkühlen lassen. Anschließend Flüssigkeit in ein Litermaß oder eine Sauciere geben und die Dreiecke vorsichtig damit füllen. Den Kuchen mindestens 2 Stunden kalt stellen. Vor dem Servieren jedes Dreieck mit einer Himbeere garnieren.

- **Tipp:**

Sie können auch TK-Himbeeren verwenden, lassen Sie diese auf Küchenpapier auftauen.
Zum Verzieren können Sie den Eierlikör statt mit Gelatine mit 1 Päckchen Saucenpulver Vanille-Geschmack ohne Kochen anrühren.

Kiwi-Stachelbeer-Kuchen

**Zubereitungszeit: 50 Min.,
ohne Auftau- und Kühlzeit
Backzeit: etwa 40 Min.**

**Insgesamt:
E: 73 g, F: 235 g, Kh: 514 g,
kJ: 19036, kcal: 4540**

Für den Boden:
- ■ **½ Pck. (225 g)
  TK-Blätterteig**
- ■ **2 EL Rum oder Weinbrand**

Für den Belag:
- ■ **1 Glas Stachelbeeren
  (Abtropfgewicht 360 g)**

Für den All-in-Teig:
- ■ **150 g Weizenmehl**
- ■ **2 gestr. TL Backpulver**
- ■ **150 g Zucker**
- ■ **1 Pck. Vanillin-Zucker**
- ■ **4 Eier (Größe M)**
- ■ **150 g weiche Butter
  oder Margarine**
- ■ **50 g frisch gemahlener
  Mohn**

Für die Creme:
- ■ **2 Kiwis**
- ■ **200 ml Stachelbeersaft
  aus dem Glas**
- ■ **1 Pck. Galetta Vanille-
  Geschmack (Pudding-
  Pulver ohne Kochen)**

Zum Bestäuben:
- ■ **evtl. Puderzucker**

1 Für den Teigboden Blätterteigplatten zugedeckt nebeneinander nach
Packungsanleitung auftauen lassen. Anschließend Blätterteigplatten übereinan-
der legen und auf einem Backblech
(30 x 40 cm, gefettet) ausrollen. Den Teig
mehrmals einstechen. Das Backblech
etwa 20 Minuten kalt stellen, damit sich
der Teig entspannt. Das Backblech in
den Backofen schieben und den Teig
vorbacken.

**Ober-/Unterhitze:
etwa 220 °C (vorgeheizt)
Heißluft: etwa 200 °C (vorgeheizt)
Gas: Stufe 4–5 (vorgeheizt)
Backzeit: etwa 10 Min.**

2 Das Backblech auf einen Kuchenrost stellen, das Gebäck abkühlen
lassen und mit Rum oder Weinbrand
beträufeln. Für den Belag Stachelbeeren
in einem Sieb abtropfen lassen, den Saft
dabei auffangen.

3 Für den All-in-Teig Mehl mit Backpulver mischen und in eine Rührschüssel sieben. Zucker, Vanillin-Zucker,
Eier, Butter oder Margarine und Mohn
hinzufügen. Die Zutaten mit Handrührgerät mit Rührbesen auf höchster Stufe
in 2 Minuten zu einem Teig verarbeiten.
Den Teig auf den vorgebackenen Blätter-
teigboden streichen. Die Stachelbeeren
auf dem Teig verteilen. Das Backblech
wieder in den Backofen schieben.

**Ober-/Unterhitze:
etwa 180 °C (vorgeheizt)
Heißluft: etwa 160 °C (vorgeheizt)
Gas: Stufe 2–3 (vorgeheizt)
Backzeit: etwa 30 Min.**

4 Das Backblech auf einen Kuchenrost stellen und das Gebäck darauf
erkalten lassen.

5 Für die Creme Kiwis schälen, in
Scheiben schneiden, diese einige
Sekunden in kochendes Wasser legen
(blanchieren) und in einem Sieb abtropfen lassen, Kiwischeiben erkalten lassen
und pürieren.

6 Vom Stachelbeersaft 200 ml abmessen. Kiwipüree und Galetta hinzufügen und nach Packungsanleitung,
aber mit den hier angegebenen Zutaten
eine Creme zubereiten. Creme mit einem
Esslöffel in Klecksen auf dem Gebäck
verteilen und den Kuchen 1–2 Stunden
kalt stellen.

7 Den Kuchen vor dem Servieren
nach Belieben mit etwas Puderzucker bestäuben.

- ■ **Tipp:**
Wenn Sie den Kuchen für Kinder
backen, lassen Sie Rum oder
Weinbrand einfach weg.
Sie können den Kuchen auch mit
ungemahlenem Mohn backen.

Bunte Puddingschnitten

**Zubereitungszeit: 70 Min.,
ohne Kühlzeit
Backzeit: 8–10 Min.
je Backblech**

**Insgesamt:
E: 63 g, F: 239 g, Kh: 781 g,
kJ: 23304, kcal: 5557**

Für den Biskuitteig
(3 x zubereiten):
- 2 Eier (Größe M)
- 60 g Zucker

Außerdem:
- 1 Pck. Pudding-Pulver Schokoladen-Geschmack
- 1 Pck. Pudding-Pulver Erdbeer-Geschmack
- 1 Pck. Pudding-Pulver Vanille-Geschmack

Für die Füllung:
- 400 ml Milch, 60 g Zucker
- 1 Pck. Pudding-Pulver Vanille-Geschmack
- 200 g weiche Butter
- 1 EL Puderzucker

Zum Bestreichen:
- 3–4 EL Erdbeer- oder Himbeerkonfitüre

Für den Guss:
- 300 g Puderzucker
- 5–6 EL roter Traubensaft oder Kirschsaft

Zum Verzieren:
- 50 g Zartbitterschokolade
- 1 TL Speiseöl

1 Für den Teig Eier mit Handrührgerät mit Rührbesen auf höchster Stufe in 1 Minute schaumig schlagen. Zucker in 1 Minute einstreuen, dann noch etwa 2 Minuten weiterschlagen. Pudding-Pulver Schokoladen-Geschmack auf die Eiermasse sieben und kurz auf niedrigster Stufe unterrühren. Den Teig auf einem Backblech (30 x 40 cm, gefettet, mit Backpapier belegt) glatt streichen. Das Backpapier an der offenen Seite des Backblechs zu einem Rand falten. Das Backblech in den Backofen schieben.

**Ober-/Unterhitze:
etwa 200 °C (vorgeheizt)
Heißluft: etwa 180 °C (vorgeheizt)
Gas: Stufe 3–4 (vorgeheizt)
Backzeit: 8–10 Min.**

2 Die Platte auf ein mit Zucker bestreutes Backpapier stürzen, das mitgebackene Backpapier mit Wasser bestreichen und vorsichtig abziehen. Die Platte erkalten lassen. Auf die gleiche Art zwei weitere Böden backen, einmal mit Pudding-Pulver Erdbeer-Geschmack und einmal mit Pudding-Pulver Vanille-Geschmack.

3 Für die Füllung aus Milch, Zucker und Pudding-Pulver nach Packungsanleitung, aber mit den hier angegebenen Zutaten einen Pudding zubereiten. Den Pudding bei Zimmertemperatur erkalten lassen, dabei gelegentlich umrühren. Butter und Puderzucker mit Handrührgerät mit Rührbesen schaumig schlagen und den erkalteten Pudding esslöffelweise unterrühren, dabei darauf achten, dass Pudding und Butter Zimmertemperatur haben, da die Buttercreme sonst gerinnt.

4 Den Schokoladenbiskuit mit der gezuckerten Seite nach unten auf ein Backblech legen und gleichmäßig mit der Hälfte der Creme bestreichen. Erdbeerbiskuit darauf legen und mit der restlichen Creme bestreichen. Vanillebiskuit auflegen und leicht andrücken. Den Kuchen etwa 30 Minuten kalt stellen.

5 Zum Bestreichen Konfitüre durch ein Sieb streichen und den Kuchen damit vollständig bestreichen. Für den Guss Puderzucker sieben und nach und nach mit so viel Saft verrühren, dass ein dickflüssiger Guss entsteht. Den Kuchen damit überziehen.

6 Zum Verzieren Schokolade in Stücke brechen und mit dem Öl in einem kleinen Gefrierbeutel im Wasserbad bei schwacher Hitze auflösen. Beutel trockentupfen, etwas durchkneten, eine kleine Ecke abschneiden und den Kuchen damit verzieren. Die Verzierung fest werden lassen und den Kuchen in Schnitten teilen.

Orangen-Pudding-Kuchen

**Zubereitungszeit: 45 Min.,
ohne Kühlzeit
Backzeit: etwa 15 Min.**

**Insgesamt:
E: 101 g, F: 392 g, Kh: 580 g,
kJ: 26187, kcal: 6248**

Für den Rührteig:
- **200 g Butter oder Margarine**
- **150 g Zucker**
- **1 Pck. Vanillin-Zucker**
- **4 Eier (Größe M)**
- **250 g Weizenmehl**
- **3 gestr. TL Backpulver**

Für die Füllung:
- **2 Eiweiß (Größe M)**
- **2 Pck. Pudding-Pulver
  Vanille-Geschmack**
- **50 g Zucker**
- **250 ml (¼ l) Orangensaft**
- **2 Eigelb (Größe M)**
- **500 ml (½ l) Milch**

Für den Belag:
- **500 ml (½ l) Schlagsahne**
- **40 g Zucker**
- **1 Pck. Vanillin-Zucker**
- **2 Pck. Sahnesteif**
- **3 EL Orangensaft**

Nach Belieben
zum Garnieren:
- **einige Orangenfilets**
- **Zitronenmelisseblättchen**

1 Für den Teig Butter oder Margarine mit Handrührgerät mit Rührbesen auf höchster Stufe geschmeidig rühren. Nach und nach Zucker und Vanillin-Zucker unterrühren. So lange rühren, bis eine gebundene Masse entstanden ist.

2 Eier nach und nach unterrühren (jedes Ei etwa ½ Minute). Mehl mit Backpulver mischen, sieben und portionsweise auf mittlerer Stufe unterrühren. Den Teig auf ein Backblech (30 x 40 cm, gefettet) geben, glatt streichen und vor den Teig einen mehrfach geknickten Streifen Alufolie legen. Das Backblech in den Backofen schieben.

**Ober-/Unterhitze:
etwa 180 °C (vorgeheizt)
Heißluft: etwa 160 °C (vorgeheizt)
Gas: Stufe 2–3 (vorgeheizt)
Backzeit: etwa 15 Min.**

3 Das Backblech auf einen Kuchenrost stellen und den Gebäckboden darauf erkalten lassen.

4 Für die Füllung Eiweiß so steif schlagen, dass ein Messerschnitt sichtbar bleibt. Pudding-Pulver mit Zucker mischen und mit Orangensaft und Eigelb glatt rühren. Milch in einem Topf zum Kochen bringen, von der Kochstelle nehmen und angerührtes Pudding-Pulver einrühren. Den Pudding unter Rühren zum Kochen bringen, 1 Minute unter Rühren aufkochen lassen und von der Kochstelle nehmen. Eischnee sofort unter den heißen Pudding heben. Die Puddingmasse auf dem Gebäckboden glatt streichen und erkalten lassen.

5 Für den Belag Sahne mit Zucker, Vanillin-Zucker und Sahnesteif steif schlagen. Orangensaft unterrühren und die Sahnemasse wellenartig auf die Puddingmasse streichen. Den Kuchen nach Belieben mit Orangenfilets und Zitronenmelisseblättchen garnieren.

- **Tipp:**
Den Kuchen am Vortag zubereiten. Die Kuchenoberfläche mit kleinen Schoko-Butterkeksen garnieren.

- **Variante:**
Für das **Titelrezept Schoko-Orangen-Pudding-Kuchen** Rührteig und Füllung wie im Rezept zubereiten. Statt des Belags 8 Blatt Gelatine nach Packungsanleitung einweichen. 2 Becher (je 500 g) Scholadenpudding aus dem Kühlregal in eine Rührschüssel geben. Gelatine leicht ausdrücken, in einem kleinen Topf bei schwacher Hitze unter Rühren auflösen (nicht kochen) und mit 1–2 Esslöffeln von dem Pudding verrühren. Die Mischung langsam mit einem Rührlöffel unter den restlichen Pudding rühren und die Masse in Wellen auf der Orangenfüllung verstreichen. Den Kuchen etwa 2 Stunden kalt stellen und vor dem Servieren nach Belieben mit geraspelter weißer Kuvertüre bestreuen.

Alphabetisches Register

Themenregister

In dieser Reihe sind bisher außerdem erschienen: *Modeschüttelkuchen, Modeplätzchen, Modemuffins, Modeblechkuchen, Leichte Modetorten, Cocktailtorten, Modeteilchen, Modewaffeln, Sommermodetorten, Modesahneschnitten* und *Modetorten gerollt & gewickelt*. Sie erhalten diese Bücher im Buchhandel.

Wenn Sie Anregungen, Vorschläge oder Fragen zu unseren Büchern haben, rufen Sie uns unter folgender Nummer an 0521 155-2580 oder 520651 oder schreiben Sie uns: Dr. Oetker Verlag KG, Am Bach 11, 33602 Bielefeld.

Umwelthinweis Dieses Buch und der Einband wurden auf chlorfrei gebleichtem Papier gedruckt. Die Einschrumpffolie – zum Schutz vor Verschmutzung – ist aus umweltfreundlichem und recyclingfähigem PE-Material.

Dieses Buch enthält zum Teil eingetragene Markennamen.

Wir danken für die freundliche Unterstützung
August Storck KG, Berlin
Coca-Cola, Essen
Griesson – de Beukeler GmbH & Co. KG, Polch
Hosta-Werk, Stimpfach-Randenweiler
Kraft Foods Deutschland GmbH & Co. KG, Bremen
Nestlé Deutschland AG, Frankfurt/Main

Copyright © 2003 by Dr. Oetker Verlag KG, Bielefeld

Redaktion Sabine Puppe

Titelfoto Thomas Diercks, Hamburg
Innenfotos Axel Struwe, Bielefeld (S. 7, 9, 15, 19, 23–27, 31–35, 41, 45–67, 71, 77, 81, 83, 87)
Thomas Diercks, Hamburg (S. 4, 13, 17, 29, 39, 75, 93)
Kramp & Gölling, Hamburg (S. 21)
Ulrich Kopp, Füssen (S. 69, 79)
Bernd Lippert, Bielefeld (S. 11, 85)
Brigitte Wegner, Bielefeld (S. 37, 43, 89)
Dr. Oetker Österreich, Villach (S. 73, 91)

Foodstyling Claudia Glünz, Nordhorn
Requisite Wolfgang Mentzel, Paderborn

Rezeptentwicklung und -beratung Dr. Oetker Versuchsküche

Nährwertberechnungen Nutri Service, Hennef

Grafisches Konzept Björn Carstensen, Hamburg
Gestaltung M·D·H Haselhorst, Bielefeld
Titelgestaltung kontur:design, Bielefeld

Reproduktionen MOHN·Media, Gütersloh
Satz JUNFERMANN Druck & Service, Paderborn
Druck und Bindung APPL Druck GmbH & Co. KG, Wemding

ISBN 3–7670–0631–6